La belleza eterna que somos

Una recopilación de mensajes intemporales de Amma

Compilados y traducidos
por Swami Amritaswarupananda Puri

Mata Amritanandamayi Center
San Ramon, California, Estados Unidos

La belleza eterna que somos

Una recopilación de mensajes intemporales de Amma

Compilados y traducidos por
Swami Amritaswarupananda Puri

Publicado por:
Mata Amritanandamayi Center
P.O. Box 613
San Ramon, CA 94583
Estados Unidos

Internacional:
www.amma.org
inform@amritapuri.org

En España: www.amma-spain.org

Índice

El sanātana dharma

De la forma a lo que no tiene forma

Hijos, la única causa de la creación, la conservación y la destrucción del universo es Dios. Todos los que creen en Dios estarán de acuerdo en esto; sin embargo, los creyentes tienen dudas y opiniones variadas respecto a la verdadera naturaleza de Dios: ¿cuáles son el verdadero nombre y la verdadera forma de Dios? ¿Cuáles son sus atributos?

En realidad, no se puede entender a Dios con el intelecto ni se le puede explicar con meras palabras. A pesar de ello, podemos experimentar y conocer a Dios por medio de las prácticas espirituales. Esa experiencia es indescriptible. Cuando un bebé se lastima, ¿puede explicar cuánto le duele? O cuando es feliz, ¿puede expresar lo feliz que se siente?

Igual que el agua puede manifestarse como hielo, líquido o vapor, Dios tiene atributos y no los tiene. Se manifiesta como dualidad y como el universo multifacético.

Dios no tiene un nombre ni una forma particulares, sino que es como un actor que aparece en el escenario interpretando distintos papeles. Del mismo modo, según el deseo del devoto, Dios adopta diferentes formas y estados de ser como Shiva, Vishnu y Devi. Una figurita de chocolate se derrite y pierde la forma cuando se calienta; pero, independientemente de la forma que adopte el chocolate, la verdadera naturaleza del chocolate siempre es la misma.

Resulta más fácil visualizar a Dios como si tuviera una forma para poder conceptualizarlo y adorarlo. Alguien que tiene sed tendrá que ahuecar la mano o usar algún recipiente para sacar agua de un río. Una persona que tenga un palo largo podrá hacer caer un mango de un árbol aunque no pueda subirse al mismo. Igualmente, conceptualizando a Dios como si tuviera una forma y usando esa forma a modo de instrumento, podemos adorar y conocer a Dios.

Una vez, una madre pájaro fue en busca de comida y de alguna manera se lastimó una de las alas. No podía volar, y se entristeció mucho porque no era capaz de volver al nido, que estaba al otro lado del río. Se sentía muy preocupada y ansiosa por sus indefensos polluelos. Fue entonces cuando vio un trozo de hielo que venía flotando hacia ella. Saltó sobre él sin gran dificultad. Un viento favorable empujó el hielo hasta la orilla opuesta y pudo volver a su nido.

Los que luchamos angustiados por conocer al Dios sin forma y sin atributos somos como ese pájaro herido que intentaba llegar a casa. Podemos conocer a Dios adorándolo como si tuviera forma y otros atributos. El agua del río no tiene forma, pero se convirtió en un sólido trozo de hielo que permitió al indefenso pájaro cruzar el río. Del mismo modo, para alcanzar la liberación del mar del saṁsāra, la adoración de Dios con forma y atributos debe convertirse en un compañero constante. Entonces la brisa favorable de la gracia divina nos llevará a la liberación.

De la devoción basada en el miedo a la devoción basada en el amor

Hijos, algunas personas me preguntan: «¿Cuál es la importancia de la bhaya-bhakti (devoción con miedo) en el camino de la devoción? ¿No resulta perjudicial?».

No se puede decir que la bhaya-bhakti no sea beneficiosa. Es indudable que algo de miedo ayuda a un principiante a crecer, aunque no hay lugar para el miedo en la totalidad y la perfección de la devoción. Dios, que es el único protector del universo, es también quien concede a todos los seres los resultados de sus acciones. Dios protege a toda la gente buena y castiga a los malvados. Si una persona comprende que tendrá que sufrir las consecuencias de todas sus malas acciones, sentirá algo de temor mezclado con la devoción. Ese miedo lo fortalece porque despierta su capacidad de discernimiento. Le ayuda a dejar de cometer errores y a avanzar por el camino correcto.

La bhaya-bhakti no es como el miedo que un esclavo tiene a su amo. Se parece más a un estudiante que siente miedo mezclado con respeto ante su maestro, o a un niño que muestra un amor inocente a su madre. Esa es la actitud que debemos tener respecto a Dios.

Un niño quiere a su madre. Cree realmente que su madre es su única protectora; sin embargo, también sabe que, si comete un error, su madre no dudará en castigarlo. Así que seguro que hay un poco de temor mezclado con su amor a ella. Ese temor es el que lo salva de muchos accidentes y errores. Un niño tiene muchas debilidades y tendencias inmaduras. Eso lo suele llevar a cometer equivocaciones; sin embargo, consigue evitar esos errores gracias al miedo que tiene de que su madre se enfade y lo castigue. De ese modo, el miedo que le inspira su madre despierta su discernimiento y gradualmente adquiere la fuerza necesaria para marchar por el camino correcto; pero el miedo no le impide experimentar el amor de su madre. Por el contrario, lo ayuda a crecer.

Los niños, cuando son pequeños, estudian bien debido al temor de que el maestro los castigue si no lo hacen. Ese miedo les ayuda a superar la pereza y a trabajar duro para aprender y alcanzar la excelencia académica. Cuando llegan a los grados superiores, el miedo desaparece; pero ya han adquirido el suficiente discernimiento para continuar seriamente con sus estudios sin necesidad de sentir miedo. Solo tienen respeto y obediencia a sus maestros. En la mayor parte de los devotos se da una actitud semejante hacia Dios.

A medida que el devoto viaja por el camino, la bhaya-bhakti se va transformando en una devoción llena de amor. En esa devoción no queda rastro alguno de miedo. Debido al amor que se siente por Dios, hasta el castigo divino se recibe con alegría y felicidad. La intensidad de esa devoción aniquila cualquier tendencia a cometer un error.

Un verdadero devoto es como un niño pequeño que descansa en el regazo de su querida madre. Se olvida de todo lo demás.

La adoración de imágenes

Alguien me preguntó recientemente: «En lugar de adorar una imagen, ¿no deberíamos adorar al escultor que la creó?».

Hijos, cuando vemos la bandera de nuestra nación, ¿pensamos en quien la ha cosido? No. Nadie parece recordarlo. Lo que recordamos es a nuestro país. Del mismo modo, cuando vemos una imagen divina nuestros pensamientos no deben dirigirse al escultor sino al principio que la imagen representa: el verdadero Creador, el Creador que creó todo este universo.

Hay que entender los principios en los que se basa la adoración de imágenes para entenderla. En realidad, Dios no tiene un nombre, una forma o una morada determinados. Dios está más allá del tiempo y del espacio. Su naturaleza es la felicidad absoluta. Él es la verdad que no tiene ni forma ni ningún otro atributo; sin embargo, para la mayor parte de las personas resulta imposible rendir culto a la omnipresente divinidad de Dios sin la ayuda de un símbolo concreto. En la actualidad, nuestras mentes están atadas y apegadas a este mundo material y a sus diversas formas. La adoración de imágenes ayuda a esas mentes a mirar hacia adentro. Allí pueden llegar a reconocer poco a poco la divinidad que es el sustrato de la mente.

Si queremos ver nuestro reflejo claramente en un espejo, primero tendremos que limpiar todo el polvo y la suciedad que cubren la superficie del espejo. Del mismo modo, tenemos que empezar eliminando todas las impurezas que ahora se acumulan en el espejo de la mente para ver nuestra verdadera naturaleza en él. La adoración de imágenes purifica gradualmente la mente y nos permite alcanzar niveles más profundos de concentración. Por eso los antiguos sabios del sanātana dharma destacaron la importancia de los templos y de la adoración de imágenes.

Algunos afirman que rendir culto a las imágenes es señal de una mente sin refinar. Solo puede afirmarse que eso es cierto cuando el culto a las imágenes se basa en la idea errónea de que Dios reside solo en un lugar en particular y tiene una forma determinada. Dios es omnipresente. Dios es la causa última de todo lo que existe. El culto a las imágenes llevado a cabo con esta comprensión es un método válido para el autoconocimiento y nunca puede considerarse que no es refinado. La adoración de una imagen con oraciones egoístas, con plegarias que solo buscan la satisfacción de nuestros deseos egoístas, se puede calificar de no refinada; pero la forma menos refinada de adorar una imagen es hacerlo mientras se degrada a otras personas.

Cuando la gente dice «adora solo a Dios; no adores al diablo», en realidad se refieren a que nuestra única meta debería ser llegar a Dios. El «diablo» serían los deseos de dinero y estatus y otras actitudes egoístas que interfieren con el dharma (la acción correcta). No se refiere a la adoración de Dios mediante distintas formas. La adoración de imágenes se produce siempre que se emplean símbolos e imágenes para despertar el recuerdo de Dios. Cuando lo vemos desde esa perspectiva, resulta evidente que muchas personas que critican la adoración de imágenes en realidad la están realizando ellos mismos.

Aunque Dios está más allá del nombre y la forma, podemos adorar a Dios bajo cualquier forma que elijamos. En la misma casa, el padre puede preferir adorar a Śhiva, la madre a Kṛiṣhṇa y el hijo a Dēvī. Por eso se le llama el iṣhṭa daivam, nuestra «deidad preferida». Debemos entender los principios en los que se basa la adoración a Dios bajo distintas formas. Un collar, un brazalete, un pendiente... todos están hechos de oro. Su sustrato es el oro. Del mismo modo, Dios es el sustrato de la existencia. Tenemos que ver el sustrato unificador de este mundo aparentemente diverso. Debemos llegar a reconocer esa unidad sin que nos importe cuál sea la forma de nuestro iṣhṭa daivam: Śhiva, Viṣhṇu, Murugā... Hay que entender que todas esas formas no son más que variaciones del Uno. Los antiguos sabios comprendían que la gente procedía de distintas culturas y aceptaban la invocación de diferentes formas para adorar a Dios.

Por medio de la adoración de imágenes divinas tenemos que lograr la amplitud de miras que se requiere para amar y respetar todas las formas de vida. Al ver a Dios en la imagen y rezarle, estamos purificando nuestra mente y elevándonos hasta un lugar desde donde podremos reconocer a Dios en todo. Ese es el objetivo último del culto de las imágenes.

¡Cuántas grandes almas como Śhrī Rāmakṛiṣhṇa Dēva, Mīrābaī, Āṇḍāḷ y Kaṇṇappa Nāyanār alcanzaron la liberación por medio del culto de las imágenes! Que mis hijos e hijas también despierten a este nivel de verdad.

¿Es la espiritualidad escapismo?

Hijos, la gente a menudo pregunta si la espiritualidad no es más que una huida de la vida. Debéis entender que la verdadera espiritualidad no puede ser nunca escapismo. Huir es el camino de los cobardes; la espiritualidad es el camino de los valientes. Es una ciencia que nos enseña a ser fuertes ante cualquier crisis y a mantenernos siempre felices y satisfechos. La espiritualidad nos ayuda a entender profundamente la vida y a mantener la actitud correcta ante ella.

La espiritualidad consiste en percibir tu Yo Supremo[1]*. Es la búsqueda de quiénes somos y cuál es el significado de la vida. Gracias a ella podemos entender la naturaleza del mundo y sus objetos.

Actualmente creemos que la felicidad se halla en los objetos materiales; pero, si fuera

1 Traducimos *self/Self* como yo/Yo para incluir en el término la referencia subjetiva a «uno mismo» o «el ser propio», que no incorporan otras traducciones como ser/Ser. En este contexto, «yo» con minúscula se refiere al yo individual (jivâtman); con mayúscula, al Yo Supremo (Paramâtman). (N. del T).

así, ¿por qué no estamos satisfechos cuando los adquirimos? Por el contrario, vemos a un millonario que posee un avión, un barco y una mansión, pero que aun así está lleno de tensión y dolor.

Una vez, vivían en un pueblo dos familias en dos chozas vecinas. El jefe de una de las familias ahorró dinero y construyó una buena casa. Entonces su vecino empezó a preocuparse: «Él ya tiene una casa, y yo sigo viviendo en esta choza». Así que pronto empezó a esforzarse por ahorrar dinero. También pidió algo prestado, haciendo todo lo posible por construir una casa. Mientras lo hacía, soñaba con que un día viviría felizmente en su nueva casa.

Cuando finalmente su casa estuvo terminada, saltaba de alegría. Invitó a sus parientes y amigos a una fiesta y empezó a vivir felizmente en la nueva casa; pero unos meses más tarde se deprimió. Alguien le preguntó:

—¿Qué es lo que te pasa?

Él respondió:

—Nuestro vecino ha instalado aire acondicionado en su casa y ha puesto el suelo de mármol. Mi casa es un cuchitril.

La casa que lo había llenado de alegría era ahora una fuente de tristeza. Eso prueba que la felicidad no se encuentra en los objetos materiales. En realidad, la experiencia de la felicidad depende de la mente. Cuando la mente se pacifica, experimentamos la felicidad sin ninguna dificultad.

Cuando descubramos el secreto de la felicidad, dejaremos de perseguir ciegamente objetos materiales. Cuando nos empapemos de espiritualidad, seremos capaces de ver al prójimo como nuestro Yo Supremo. Compartiremos el dinero que nos sobre con los pobres y los necesitados. Estaremos dispuestos a amar y servir a los demás con un corazón abierto. El verdadero logro espiritual consiste en tener la fuerza mental necesaria para afrontar cualquier situación y servir compasivamente al mundo.

¿Es el mundo una ilusión?

Muchas personas le preguntan a Amma: «¿Por qué este mundo se describe como māyā, como una ilusión?».

Hijos, una ilusión es algo que oculta la verdad y nos aleja de ella. Al mundo se le llama una ilusión porque puede ocultarnos la Verdad, la fuente de la paz eterna. ¿Cuál es nuestra experiencia actual? Creemos que los diversos logros, relaciones y objetos materiales nos traerán la paz y la felicidad eternas, y los perseguimos con entusiasmo. En realidad, esta búsqueda nos aleja de la paz. Eso es māyā, la ilusión.

El mundo de los sueños es muy real para el que sueña mientras está soñando; pero cuando se despierta se da cuenta de que nada de aquello era real. Del mismo modo, debido a nuestra falta de comprensión espiritual, ahora vivimos en un mundo de ensueño, en un estado de confusión. Solo cuando despertemos de esta ignorancia nos daremos cuenta de lo que es realmente la Verdad.

Una vez, un joven muy pobre estaba pescando, sentado en la orilla del río. Al cabo de un rato, vio acercarse a un elefante acompañado por una gran multitud. El elefante llevaba una guirnalda de flores en la trompa. Se detuvo ante él y le puso la guirnalda alrededor del cuello. La multitud aplaudió con entusiasmo. La gente le dijo que ese era el ritual para elegir al próximo rey. Quienquiera que el elefante eligiera poniéndole la guirnalda se convertiría en el siguiente rey. Pronto el joven fue coronado y se casó con la princesa.

Un día, la princesa y el joven estaban montando a caballo en la cima de una montaña, cerca del palacio. De repente, se produjo una gran tormenta. Tanto los caballos como sus jinetes se despeñaron por la montaña. La princesa y los caballos cayeron en picado y se mataron; pero el joven se las arregló, de alguna manera, para agarrarse a la rama de un árbol mientras caía y sobrevivir. Quedaba un largo trecho hasta abajo, pero su única opción era soltarse. Cerró los ojos y se dejó caer.

Cuando los abrió, no vio la montaña, ni los caballos, ni a su princesa. Solo vio la orilla del río y su caña de pescar. Entonces se dio cuenta de que se había dormido y que todo había sido un sueño.

A pesar de lo real que parecía todo cuando estaba soñando, el chico no se entristeció lo más mínimo por haber perdido a la princesa o el palacio.

En nuestra época, igual que el chico de la historia, vivimos en un mundo de sueños, ignorando por completo la realidad. En este mundo de sueños, la mayor parte de la gente está muy apegada al éxito y a las ganancias y teme el fracaso y la pérdida. Cuando las cosas no van como quieren, sienten que todo su mundo se desmorona. Ese mundo, en el que el éxito es la felicidad y el fracaso es el dolor, es un sueño del que tenemos que despertar. Es māyā. Solo hay una fuente de verdadera felicidad, y es el ātmā, nuestro Yo Supremo. Debemos despertar a esta comprensión. Entonces, con independencia de lo que nos suceda en la vida, permaneceremos llenos de paz y felicidad.

Si este mundo es māyā, ¿de qué manera debemos abordarlo? ¿Debemos rechazarlo? Ciertamente, no. Lo único que tenemos que hacer es acercarnos al mundo y a las diversas experiencias que nos aporta con vivēka (discernimiento). Entonces el mundo mismo nos ayudará a dirigirnos hacia la

Verdad. Si podemos hacerlo, seremos capaces de ver un elemento de bondad en todo. Un asesino usa un cuchillo para matar, pero un médico lo utiliza para salvar vidas. Así que, en lugar de rechazar el mundo diciendo «solo es una ilusión», intenta entender el valor y los principios que subyacen a todas tus experiencias en la vida. Que esa comprensión te guíe.

Los que entienden la naturaleza de māyā son los verdaderos protectores del mundo. No se convierten nunca en víctimas de la ilusión de māyā. Los que no entienden la naturaleza del mundo no solo se destruyen a sí mismos, sino que además se convierten en una carga para los demás. Los que ven la bondad en todo son dirigidos hacia la bondad. Desde allí pueden experimentar la Verdad.

La importancia del maestro

Hijos, algunas personas preguntan: «Si Dios y el guru (maestro) están en última instancia dentro de nosotros, ¿por qué hace falta un guru exterior?». Es cierto que Dios y el guru existen en nuestro interior, pero la mayor parte de las personas carecen de la capacidad de conocer al Dios que llevamos dentro o de asimilar la guía del guru interior. Unos pocos nacen con una disposición espiritual y unas tendencias adquiridas en nacimientos anteriores. Esas personas pueden ser capaces de alcanzar la verdad espiritual sin la ayuda de un maestro vivo, pero la mayor parte de las personas necesitan un guru.

Un satguru es realmente Dios con forma humana. El guru guía al discípulo, que se encuentra atado por muchos vicios y defectos, con suma bondad y paciencia. El guru proporciona las instrucciones, enseñanzas y aclaraciones necesarias para que podamos asimilar los principios espirituales en su forma más sencilla y pura. Por eso, el maestro se halla incluso por encima de Dios para el discípulo.

La espiritualidad es el polo opuesto del materialismo. Por tanto, cuando llegamos a la vida espiritual con nuestra visión materialista del mundo, fracasamos. Nos lleva un tiempo entenderlo; sin embargo, el guru, en su infinita paciencia, explica y muestra la enseñanza una y otra vez, hasta que el discípulo la asimila de una vez por todas. Si se quiere aprender un idioma extranjero, la mejor manera de conseguirlo es vivir con un hablante nativo. El guru es el hablante nativo de la espiritualidad.

Lo que las escrituras nos enseñan es muy sutil. Es el secreto de nuestro Yo Supremo, que es la existencia misma en la que se sumerge el universo. Esclavizados por la mente y por innumerables capas de tendencias acumuladas, no disponemos de un marco de referencia que nos permita entender esa verdad. Todo lo que el guru nos enseña es lo contrario de lo que hemos aprendido. Hemos sido condicionados para pensar que la felicidad viene de los objetos, pero el maestro nos dice: «No, la felicidad solo viene del interior». Se nos ha dicho que intentemos cumplir nuestros deseos; el guru nos dice que es mejor trascenderlos. Se nos ha dicho que nacemos y que un día moriremos; el guru nos dice que no nacemos y que somos inmortales. Así que, básicamente, el trabajo del maestro es reformarnos por completo. El guru puede compararse a un escultor. El escultor ve la escultura que se halla escondida dentro de la piedra. A medida que va eliminando las partes innecesarias de piedra, la hermosa forma encubierta emerge poco a poco. Igualmente, un verdadero maestro saca a relucir la verdad oculta en el corazón del discípulo. Cuando el discípulo sigue las enseñanzas del guru y realiza sus prácticas espirituales, su ignorancia desaparece y la Verdad se manifiesta.

Cuando la lluvia cae sobre la cima de una montaña, el agua fluye hacia abajo. La naturaleza de nuestra mente es semejante. Podemos estar pensando que nuestra mente está completamente glorificada y deleitándose en los reinos más elevados; sin embargo, en cuestión de segundos se vuelve a hundir hasta el fondo. El guru conoce las debilidades de la mente del discípulo y sabe ayudarle a trascenderlas. Aunque la naturaleza del agua es fluir hacia abajo, la misma agua puede convertirse en vapor y ascender en presencia del calor del sol. El maestro sabe que, al despertar la conciencia del discípulo, la mente de este puede elevarse a niveles más altos. Esa es la meta que persigue el *guru*, y se esfuerza constantemente por alcanzarla. Cuando la conciencia del discípulo y su *guru* interior están completamente despiertos, no necesita la ayuda del maestro exterior.

Cualquier palabra pronunciada por esa persona despierta constituye un satsang. Cualquier acción realizada por esa persona es una oración, una meditación. Cada vez que ese individuo respira, beneficia al mundo.

Para que el guru aparezca, primero tiene que despertarse la cualidad de discípulo. El individuo debe estar dispuesto a que lo disciplinen. Estar preparado es esencial para adquirir cualquier forma de conocimiento. Solo existe una cosa para el satguru: una unidad inmortal. En último extremo, él lo ve todo como pura conciencia. Para él no hay ni guru ni discípulo, ni madre ni hijo, solo la unidad eterna; sin embargo, el maestro desciende a nuestro nivel en nuestro beneficio. Es vital que el discípulo sienta anhelo por conocer la realidad de su Yo Supremo.

Cómo hay que rezar

Hijos, la adoración es la mejor manera de establecer una relación emocional duradera con Dios y de abrirle el corazón. Es un puente que conecta el sí mismo individual con el Sí Mismo Supremo. Un niño pequeño llega a casa de la escuela, deja la pizarra y el lápiz y corre hacia su madre. Le cuenta con entusiasmo todo lo que ha pasado en el colegio, las historias que su maestro le ha contado y los pájaros que ha visto en el trayecto de regreso a casa. Del mismo modo, rezar nos ayuda a establecer una conexión auténtica con Dios. Compartir nuestras cargas con Dios nos ayuda a sobrellevarlas.

Debemos adoptar la actitud de que Dios es nuestro único consuelo. Debemos considerar a Dios nuestro mejor amigo, un amigo que siempre está con nosotros, en cualquier situación y ante cualquier peligro. Cuando le abrimos el corazón a Dios, nos elevamos sin saberlo a los planos más elevados de la devoción.

Sin embargo, actualmente muchas personas no entienden el uso adecuado de la oración. Muchos piensan que la oración solo es un medio de satisfacer sus deseos mundanos. El amor de estas personas no se dirige a Dios, sino a las cosas materiales. En el mundo actual, la gente incluso reza para que otros sean las víctimas de alguna tragedia.

Un verdadero devoto nunca debe pensar en hacer daño a los demás. Nuestras oraciones deben ser: «Oh Dios, que no cometa ningún error. Por favor, dame fuerzas para perdonar los errores de los demás. Por favor, perdona mis errores y bendice a todos los seres de la creación». Cuando rezamos así, nos sentimos en paz. Las vibraciones de esas oraciones purifican la atmósfera. Cuando el ambiente que nos rodea se vuelve puro, también produce efectos favorables en nuestra vida.

Las oraciones en beneficio del mundo constituyen la forma más elevada de oración. Lo que hace falta son oraciones totalmente desprovistas de deseos egoístas. Cuando usamos flores para realizar una ceremonia de adoración, somos los primeros en disfrutar de su belleza y su fragancia, aunque esa no sea nuestra intención. Cuando rezamos por el bien del mundo, nuestro corazón adquiere una gran amplitud. Además, esas oraciones también ayudan al mundo.

Igual que una vela se derrite para dar luz a los demás, un verdadero devoto desea sacrificarse para ayudar a otros. Su meta es cultivar una mente que proporcione felicidad al prójimo, olvidándose de su propio sufrimiento. Esas personas no tienen que caminar buscando a Dios; Dios viene a buscarlos a ellos. Dios está con ellos, como un servidor.

La reencarnación

Muchos se preguntan si la reencarnación es una realidad. Si este nacimiento es verdadero, ¿por qué no va a ser real el volver a nacer? Es erróneo pensar que la vida se puede evaluar solo con el razonamiento. La vida es una mezcla de razón y misterio.

Tenemos que suponer que hemos vivido antes y que viviremos después porque estamos viviendo ahora. Todo lo que hay en el universo es cíclico. Podemos ver esta regularidad en el cambio de las estaciones, la Tierra girando alrededor del Sol, el movimiento de los planetas, etc. Del mismo modo, no es un error suponer que el nacimiento y la muerte también son cíclicos.

Una vez, dos gemelos conversaban mientras estaban en el útero. La hermana le dijo al hermano:

—Creo que hay vida más allá.

El hermano no se mostró de acuerdo:

—De ninguna manera. No hay otro mundo más allá de este mundo que vemos y experimentamos ahora. Este mundo nuestro es oscuro y cómodo. Todas nuestras necesidades están satisfechas por medio de este cordón. No debemos perder nuestra relación con él. No tenemos que hacer nada más.

La hermana dijo:

—Creo firmemente que hay un mundo inmenso lleno de vida más allá de este oscuro mundo.

El hermano no podía ni siquiera plantearse la posibilidad de aceptar estos argumentos. La hermana volvió a decirle:

—Tengo una cosa más que añadir. Quizá te cueste creerlo, pero creo que tenemos una madre que nos dará a luz.

—¿Una *madre*? ¿Qué tontería estás diciendo? Ni tú ni yo hemos visto nunca a esa «madre». No puedo creer en la existencia de una madre a la que nunca hemos conocido.

La hermana dijo:

—En determinados momentos de tranquilidad y silencio puedo oír a esa madre cantar. Entonces siento que el amor y el cariño de nuestra madre nos envuelve y nos acaricia.

Los santos y sabios que están en contacto con la Verdad fueron los primeros en difundir el conocimiento de que renacemos en este mundo. En esta vida no experimentamos completamente los resultados de las buenas y malas acciones que realizamos. Los experimentaremos en nacimientos posteriores. Esa es la razón por la que renacemos; lo hacemos para experimentar los frutos de nuestras acciones.

En el momento de la muerte el ser que está dejando el cuerpo tiene tendencias buenas y malas. Ese ser no puede actuar según esas tendencias latentes sin un cuerpo. Por tanto, después de la muerte la vida vuelve a entrar en un cuerpo adecuado para ella.

Si no podemos recordar la letra de una canción que aprendimos cuando éramos jóvenes, ¿podemos decir que nunca la hemos aprendido? Del mismo modo, aunque no podamos recordar los acontecimientos y las experiencias de una vida anterior, no podemos afirmar que no haya existido. Puede que no sea posible para la gente corriente tener recuerdos de una vida anterior; pero, cuando la mente se vuelve sutil por medio de la meditación, somos capaces de conocer nuestras vidas anteriores.

¿Es Dios parcial?

Algunos hijos le preguntan a Amma si a Dios le desagrada el malvado y le gusta el virtuoso. En realidad, Dios no es parcial. Dios ve a todos con ecuanimidad. El Sol brilla por igual sobre todos los seres sensibles e insensibles. Decir «Dios no me ama» es como cerrar las puertas y ventanas de la habitación y quejarse de que el Sol se niega a darnos su luz. El río ofrece su agua tanto al árbol de sándalo como al árbol de coral indio que crecen en su orilla. El río no tiene la culpa de que el sándalo sea aromático mientras que el coral es espinoso. Del mismo modo, Dios derrama su gracia sobre todos por igual, pero solo podemos absorber esa gracia según la naturaleza de nuestra mente.

La mayor parte de las personas rezan a Dios porque quieren algo. Mientras el fabricante de ataúdes reza «¡Oh Dios! Haz que alguien muera hoy para que pueda vender al menos un ataúd», la esposa y el hijo de un enfermo rezan para que su marido y padre se recupere pronto. ¿Cuál de ambas oraciones tiene que aceptar Dios? Lo que les ocurra será el resultado de sus acciones. No tiene sentido echarle la culpa a Dios de ello. Dios es el que distribuye los resultados del karma de cada uno, pero nunca es parcial.

Según sean nuestras acciones, así serán sus resultados. Si realizamos buenas acciones, disfrutaremos de felicidad. Si nuestras acciones son malas, tendremos que experimentar dolor. Esta regla es igual para todas y todos. Sin embargo, algunas personas llevan a cabo sus acciones con la siguiente actitud: «Yo no soy el hacedor». Entregan todos sus actos a Dios y ejecutan su karma. Su soberbia y su ego son relativamente pequeños. Esas personas están más capacitadas para recibir la gracia de Dios.

El sol se refleja bien en el agua clara, pero cuando el agua está llena de musgo su reflejo es borroso. Del mismo modo, una mente cubierta de arrogancia, egoísmo y otras impurezas tendrá dificultades para experimentar la gracia de Dios. El corazón debe ser puro para sentir esa gracia; uno debe sentir compasión por el sufrimiento ajeno. Estas personas no tienen que hacer nada para que la gracia de Dios fluya hacia ellas.

Amma recuerda algo que sucedió. Mucha gente acudía a un āshram en particular para ver al mahātmā que vivía allí y obtener sus bendiciones. Un día, mientras atendía a los visitantes, un niño pequeño vomitó en el suelo. El hedor era insoportable, y algunas personas se taparon la nariz, mientras que otras daban vueltas alrededor de aquel desastre. Otras comentaron lo antihigiénico que era el āśhram y abandonaron el lugar. Otras se quejaron, diciendo:

—Maestro, un niño ha vomitado allí. Huele muy mal. Deberías decirle a alguien que limpiara el suelo.

Al oír todo aquello, el mahātmā se levantó para limpiar él mismo el suelo; pero al llegar vio a un joven que estaba limpiando el vómito y lavando el suelo con agua y jabón. Aunque el lugar estaba lleno de gente, solo el joven había pensado en hacerlo. Lo único que hicieron los demás fue quejarse. La actitud desinteresada del joven, dispuesto a hacer con alegría algo bueno por los demás, atrajo al mahātmā. El corazón del mahātmā se derritió. Sintió espontáneamente compasión y amor por el muchacho. Pensó: «Si hubiera más gente con la actitud de este chico, el mundo se convertiría en un paraíso».

Todos eran iguales a los ojos del mahātmā; sin embargo, sintió una compasión especial por este chico. La actitud que mostró el chico al limpiar el suelo con la misma diligencia con la que habría limpiado la suciedad de su propio cuerpo lo convirtió en un recipiente adecuado para recibir la gracia del guru. La gracia de Dios también es así. Dios derrama su gracia ininterrumpidamente sobre todos. Si excavamos un hoyo en la orilla del río, el agua fluye hacia él. Del mismo modo, la gracia de Dios fluye hacia un corazón lleno de altruismo, compasión y virtud.

Dios es imparcial. Está más allá de todas las diferencias, tiene una visión ecuánime y carece de ataduras. Debemos purificar nuestra actitud y nuestras acciones y tener una fe firme en la voluntad de Dios. Si hacemos eso, indudablemente recibiremos la gracia de Dios. Seremos capaces de permanecer en paz y estar satisfechos en la felicidad y en la tristeza, en la fortuna y en la calamidad, en el éxito y en el fracaso.

La esencia de la espiritualidad

La muerte no es el final

Hijos, el deseo de sobrevivir y el miedo a la muerte son naturales. Los seres humanos tememos la muerte porque con la muerte perdemos todo lo que hemos acumulado y por lo que hemos trabajado tanto. Podemos superar ese miedo, pero para hacerlo debemos aprender a afrontar la muerte mientras vivimos.

Dos pacientes estaban en el lecho de muerte en un hospital. Uno era un escritor de fama mundial; la otra era una niña de doce años. Los médicos se esforzaban por salvar la vida del escritor, pero ninguno de sus tratamientos funcionaba. El sufrimiento físico y mental ocasionado por aquel calvario se reflejaba en su rostro. Se puso a gemir:

—¿Qué me va a pasar? ¡No veo nada más que oscuridad!

En sus últimos momentos, el miedo y la soledad se apoderaron de él.

El estado de la niña era completamente diferente. También sabía que la muerte había venido a llevársela. A pesar de ello, estaba muy alegre. Su pequeño rostro estaba radiante y sonreía. Los médicos y las enfermeras estaban muy sorprendidos. Pensando en el tormento del escritor, le preguntaron:

—Hija, sonríes como si no supieras que te estás muriendo. ¿No tienes miedo a morir?

Ella respondió inocentemente:

—¿Por qué debo temer la muerte cuando mi querido Dios está a mi lado todo el tiempo? Puedo oírle llamándome: «Hija mía, ven a mí».

Cuando falleció unos días más tarde, había una sonrisa dibujada en sus diminutos labios.

El escritor fue capaz de adquirir nombre y fama, pero cuando la muerte vino a por él estaba totalmente destrozado. Por el contrario, la niña había establecido una relación amorosa con Dios. Ella creía firmemente que se encontraba completamente a salvo en sus manos. Por eso, no tenía ningún miedo a la muerte. Si queremos hacer frente a la muerte sin miedo y con una sonrisa, debemos tener la fe inocente de esa niña; o tenemos que pensar: «No soy el cuerpo, soy el Yo Supremo. El Yo no muere nunca».

He aquí una historia de las Upaniṣad: Uddālaka era un gran sabio. Tenía un hijo llamado Śhvētakētu. A los veinticuatro años, tras muchos años de estudio en la ermita de su guru, Śhvētakētu regresó a casa. Pensaba que sabía todo cuanto existía bajo el Sol. Uddālaka percibió inmediatamente el falso orgullo de su hijo y quiso corregirlo. Un día llamó a Śhvētakētu y le dijo:

—Hijo, creo que piensas que has dominado toda forma de conocimiento existente sobre la faz de la Tierra; pero ¿has aprendido ese conocimiento por el cual se oye lo que no se oye, se entiende lo que no se entiende y se conoce lo que es desconocido?

—¿Qué conocimiento es ese, padre? —preguntó Śhvētakētu.

Su padre respondió:

—Del mismo modo que al conocer un trozo de arcilla se conoce todo lo que está hecho de arcilla, hijo mío, también adquiriendo ese conocimiento del que te hablo se conoce todo.

—Es posible que mis venerados maestros ignorasen ese conocimiento. De lo contrario, me lo habrían comunicado. Padre, ¿puedes iluminarme, por favor?

—Que así sea —dijo Uddālaka—. Tráeme una fruta de ese baniano.

—Aquí está, padre.

—Córtala y ábrela.

—Hecho está.

—¿Qué ves ahí?

—Algunas semillas, padre; son sumamente pequeñas.

—Corta una de ellas.

—Ya está cortada, padre.

—¿Qué ves ahí?

—Nada en absoluto.

Uddālaka dijo:

—Hijo mío, de esa esencia sutil que no puedes percibir ha crecido este enorme baniano. Aquello que es la esencia más sutil constituye el cimiento de toda la existencia. Querido muchacho, Eso que es la esencia más fina es el alma del universo entero. ¡Tú eres Eso, oh Śhvētakētu!

Todo nace de eso que llamamos «nada». En efecto, ese es el misterio de la vida. Cuando un día el árbol —o cualquier cosa— desaparece, no sabes adónde ha ido. Eso es lo que les sucede a todos los seres vivos. Nacemos de la infinitud de la nada. En realidad, incluso mientras vivimos en este mundo somos una nada. Al final, desaparecemos de nuevo en este mar de la nada. Sin embargo, esa nada no es un vacío sino pura conciencia indivisa, eso que las escrituras llaman sat-chit-ānanda: existencia pura, conciencia pura y dicha pura.

En realidad, provenimos de esa totalidad de conciencia y volvemos a esa misma totalidad. Por eso los grandes maestros dicen que la muerte, si se ve positivamente, puede ser una experiencia transformadora y hermosa. Cuando vemos la muerte desde nuestro pequeño mundo lleno de limitaciones, nos causa un gran temor. Por el contrario, cuando la vemos desde la perspectiva de la totalidad nos libera de todo miedo, agonía y ansiedad. Nos conduce más allá de todas las limitaciones.

De hecho, la muerte no es el final de la vida. Terminamos cada frase con un punto. Lo hacemos así para poder escribir la siguiente frase. La muerte es como este punto. Los que nacen están predestinados a morir, y los que mueren, a nacer. La muerte solo es una continuación de la vida. Si ponemos nuestra fe en Dios y somos conscientes de la verdad, sin duda podemos vencer la muerte y el miedo a la muerte.

La dicha suprema aquí y ahora

Hijos, las escrituras dicen que el objetivo final de la vida humana es la liberación. No consiste en experimentar el consuelo y la alegría celestiales o en llegar a la morada de nuestra deidad preferida después de la muerte. La liberación es la felicidad suprema aquí y ahora. Es la liberación de cualquier forma de atadura intelectual y emocional, un estado en el que todos los pesares desaparecen y te sientes en paz independientemente de tus circunstancias.

Es un error pensar que la liberación es algo que se logra después de la muerte. La liberación tiene que experimentarse mientras se vive en este mundo. Aquí es donde más falta hace. Mientras se vive aquí, mientras se vive en el caos y la confusión que provocan las diversas situaciones físicas, emocionales e intelectuales; en este mundo es donde hay que tener esa bella experiencia de independencia total. Dicha experiencia no consiste en huir y escapar de la vida. Por el contrario, consiste en vivir plenamente aceptando todo lo que la vida nos trae. El arco iris solo nos inunda de belleza y alegría cuando aceptamos todos sus colores por igual. Del mismo modo, la emoción y la belleza de la vida radican en ver su unidad en todas las contradicciones y a través de las mismas. Contemplad esa unidad en todas partes y actuad después en este mundo. La espiritualidad no es una negación sino una afirmación de la vida.

La vida está llena de pares de opuestos. No podemos imaginar un mundo sin comodidades y dificultades, sin nacimiento y muerte, sin luz y oscuridad. El dolor surge cuando aceptamos solamente un aspecto de la vida y rechazamos el otro. Nos gusta estar sanos siempre; nunca queremos estar enfermos. Aceptamos la vida, pero rechazamos la muerte. Apreciamos y acogemos el éxito, pero rechazamos el fracaso. La vida no puede existir sin experiencias duales. Aceptar la vida en su totalidad y ver todas las dualidades como diferentes caras del mismo fenómeno de la vida —la conciencia que es una y única— es la cima del conocimiento espiritual. Solo entonces estaremos libres de toda tristeza y experimentaremos una felicidad ininterrumpida en todas las situaciones. Si comprendemos que las comodidades y las dificultades son la naturaleza misma de la vida, seremos capaces de aceptarlas con ecuanimidad.

Había una vez un sannyāsin que vivía en una cabaña de un pueblo. La gente lo respetaba por su estilo de vida puro y sencillo. La hija soltera de un hombre de negocios del pueblo se quedó embarazada. Al principio no quiso decir quién era el padre del bebé; sin embargo, sus parientes la presionaron y finalmente dijo que era el *sannyasi*. Después de reconvenir al sannyāsin, el padre de la chica le dijo:

—Ya que has arruinado la reputación de mi hija, tendrás que criar al niño.

Sin el menor rastro de enojo o vergüenza, el sannyāsin dijo:

—Que así sea.

En cuanto la muchacha dio a luz, el padre le confió el bebé al sannyāsin. Los aldeanos odiaban al monje y empezaron a insultarlo con frecuencia, pero él nunca se lo tomó en serio. Se limitó a criar al niño con amor. Un año después, la muchacha empezó a sentir arrepentimiento. Se acercó a su padre y le dijo que, en realidad, el sannyāsin no era el padre; lo era un joven del vecindario. El hombre de negocios se disculpó inmediatamente con el sannyāsin.

—Por favor, perdóneme por dudar de usted e insultarle. Nos llevamos al niño de vuelta.

—Que así sea —dijo el sannyāsin.

Nuestra verdadera naturaleza es la única fuente de paz, y ningún problema de este mundo puede perturbarla. Los que han comprendido esa verdad saben que no existe nada que esté separado de ellos. Viendo la Conciencia Suprema en todos los seres vivos e inertes, los aman y los sirven a todos sin excepción. Aceptan todas y cada una de las circunstancias con ecuanimidad.

La vida y el amor no son dos cosas distintas, sino una sola. Sin amor no hay vida, y viceversa. La espiritualidad consiste en poner en práctica este principio fundamental. En realidad, en eso consiste el autoconocimiento o la liberación. La gente dice en todas partes: «te amo» [I love you, en inglés]. Parece que el amor está atrapado entre el sentido del «yo» [I] y el del «tú» [you]. Las prácticas espirituales nos ayudan a experimentar gradualmente «yo soy el amor», que es la Verdad Última.

Tenemos que comprender la espiritualidad y esforzarnos conscientemente para llegar a ese estado. La espiritualidad consiste en entender la naturaleza de la mente. Es una ciencia que nos enseña a experimentar gozo y satisfacción sin estar inquietos ni dejarnos atrapar por los altibajos de la vida. Es sumamente importante en la vida.

Religión y espiritualidad

Todas las religiones tienen dos aspectos: el propiamente religioso y el espiritual. La religión es la cáscara exterior; la espiritualidad es la esencia interior. Espiritualidad significa despertar a la verdadera naturaleza de uno mismo. Los que realizan el esfuerzo de conocer el Yo Supremo son los auténticos devotos. Se tenga la religión que se tenga, si se entienden y se ponen en práctica los principios espirituales fundamentales, se puede alcanzar el objetivo final de unirse a Dios. Sin embargo, si no conseguimos asimilar los principios espirituales, la religión se convierte en una fe ciega que nos encadena.

Lo que origina la unidad religiosa es la unidad de los corazones. Si falta esa unidad, es imposible que la humanidad se una y trabaje en equipo por el bien común. Solo conseguiremos distanciarnos; nuestros esfuerzos estarán fragmentados y sus resultados serán incompletos.

La religión es un puntero, es como un letrero. La meta es la experiencia espiritual. Por ejemplo, una persona señala un árbol y dice: «Mira ese árbol. ¿Ves la fruta que cuelga de esa rama? Si la comes alcanzarás la inmortalidad». Si alguien nos dijera tal cosa, deberíamos subir al árbol, recoger la fruta y comerla. En cambio, si nos aferramos al dedo que señala el árbol, nunca disfrutaremos de la fruta. Eso mismo sucede cuando la gente se aferra a la letra de las escrituras en lugar de entender, asimilar y poner en práctica los principios a los que apuntan.

La simple lectura de textos religiosos sin intentar empaparse de sus principios es como sentarse en un bote sin usarlo jamás para remar hasta la otra orilla. Igual que el barco, las escrituras son un medio, no un fin en sí mismas.

Debido a nuestra ignorancia y a nuestra comprensión limitada, estamos encerrando a los mahātmās en las pequeñas jaulas de la religión. Las palabras de los ṛṣhis y los mahātmās son la llave que nos permite abrir el tesoro de nuestro Yo Supremo. Sin embargo, debido a nuestra comprensión errónea, solo usamos esas mismas llaves para discutir entre nosotros. De esa manera, lo único que conseguimos es inflar todavía más nuestro ego y aprisionarnos a nosotros mismos. Si eso sigue así, el entendimiento y la colaboración entre las distintas religiones serán siempre un sueño lejano.

Una vez, un renombrado artista pintó el retrato de una joven encantadora. Todos los que contemplaban el cuadro se enamoraban de ella. Algunos le preguntaron si la mujer era su amada. Cuando les dijo que no, todos insistían en que querían casarse con ella y no iban a permitir que nadie más lo hiciera.

—Queremos saber dónde podemos encontrar a esa bella dama —le exigieron.

El pintor replicó:

—Lo siento, pero en realidad no la he visto nunca. No tiene nacionalidad, religión ni idioma. Lo que veis en ella tampoco es la belleza de un individuo en particular. Solo le puse ojos, nariz y forma a la belleza que contemplaba en mi interior.

Pero ninguno de ellos creyó al pintor. Lo acusaron airadamente de mentir.

—¡Lo único que quieres es hacerla tuya!

El pintor les dijo tranquilamente:

—No, por favor, no juzguéis este cuadro de manera superficial. Aunque busquéis por el mundo entero, no la encontraréis, porque es la quintaesencia de toda belleza.

Sin embargo, ignorando las palabras del pintor, los hombres se encapricharon del retrato y de la modelo. Debido a su intenso deseo de poseer a la bella mujer, se pelearon y lucharon entre ellos, y acabaron pereciendo.

Nosotros también somos así. Actualmente buscamos a un Dios que solo habita en las imágenes y en las escrituras. En algún punto de esa búsqueda hemos perdido el rumbo.

Mientras los mahātmās dan importancia a los valores espirituales, sus seguidores dan más importancia a las instituciones. En consecuencia, las mismas religiones que estaban destinadas a difundir la paz y la tranquilidad en el mundo, uniendo a las personas con el hilo del amor, se han convertido en causa de guerras y conflictos. Los mahātmās son la personificación de la espiritualidad. Su vida desinteresada constituye la morada de la verdadera religión. Por eso, el atajo para entender la espiritualidad y aprender a practicarla es observar a los mahātmās.

El poder de todas las religiones reside en la espiritualidad. La espiritualidad es el cemento que fortalece el edificio de la sociedad. Vivir una supuesta «vida religiosa» sin asimilar la espiritualidad es como construir una torre apilando ladrillos sin poner cemento. Se desmoronará fácilmente. La religión sin espiritualidad es algo carente de vida, como un órgano interno separado del sistema circulatorio.

El Creador y la creación

Hijos, según el sanātana dharma, el Creador y la creación no son dos, sino uno. ¿Por qué es así? Porque nada está separado del Creador y, por tanto, el Creador y la creación son lo mismo.

En las escrituras hay muchos ejemplos que muestran la relación entre el Creador y la creación. Aunque los adornos de oro tienen diferentes formas y tamaños, en realidad todos son esencialmente oro. Por muchas olas que haya en el mar, ninguna de ellas está separada del océano. Del mismo modo, Dios y el universo no están separados sino que son uno.

El baile procede del bailarín. Antes del baile, durante el baile y después del baile solo está el bailarín. Del mismo modo, antes de la creación, durante la creación y después de que la creación se disuelva, solo está Dios. Todo es Dios. Solo existe Dios. El sanātana dharma nos enseña que no hay nada más que Dios.

Un rey pidió a todos los artistas de su reino que pintaran un cuadro que expresara la verdadera belleza del Himalaya. Participaron numerosos artistas. Todos ellos pintaron imágenes exquisitamente bellas. El rey y su ministro se dispusieron a seleccionar la mejor. Parecía que cada cuadro era mejor que el anterior. Por fin, llegaron al último. El artista descubrió su lienzo. Se trataba de la más hermosa montaña del Himalaya. La sensación que producía era como estar al lado del verdadero Himalaya. Entonces, asombrosamente, el artista empezó a escalar la montaña de su cuadro. Mientras el rey y su séquito miraban, el artista subió al pico más alto. Después el pintor desapareció en el cuadro.

Dios es como el artista de esta historia. Dios es omnipresente en el universo creado por Él; pero, al mismo tiempo, parece invisible. Como no podemos percibir a Dios con los cinco sentidos o la mente, permanece oculto para nosotros. Aun así, como Dios es nuestro Yo Supremo, podemos experimentar a Dios. De ese modo, cuando percibimos a Dios en nuestro interior podemos experimentar la verdad de que Dios y el universo son uno.

Dios no es un individuo sentado en un trono dorado allende los cielos. Dios es la divinidad omnipresente en todas las cosas. Si nos metemos accidentalmente el dedo en el ojo, perdonamos al dedo y aliviamos el dolor del ojo. Lo hacemos porque ni el dedo ni el ojo están separados de nosotros. Igualmente, nuestro dharma es amar y servir incluso a la forma más pequeña de vida con la conciencia de que Dios reside en todo. Esa es la mayor adoración que podemos ofrecerle a Dios.

La esencia de todas las religiones

Hijos, Dios habita en nuestro corazón. La verdadera naturaleza de Dios es la misma que nuestra propia naturaleza. Las religiones nos enseñan que Dios creó a los seres humanos a su imagen y semejanza. Al oír esto, muchos nos preguntamos por qué no podemos sentir la presencia de Dios y experimentar la auténtica felicidad. Es cierto que la naturaleza de Dios y la nuestra son la misma. Sin embargo, Dios, que es nuestra verdadera naturaleza, permanece escondido para nosotros debido a nuestra ignorancia y al ego; somos incapaces de experimentarlo. En cambio, experimentamos dolor y confusión mental.

En realidad, todas las religiones nos muestran el camino hacia la felicidad auténtica; sin embargo, la mayor parte de las personas no entiende las enseñanzas reales de la religión. Nos hemos obsesionado exclusivamente con las costumbres y los rituales ostentosos. Imaginad docenas de frascos llenos de miel. Si no podemos ver más allá de los colores y las formas de los frascos, ¿cómo podremos saborear la dulzura de la miel? Ese es nuestro estado actual: en lugar de entender la esencia de las enseñanzas de nuestra religión, nos dejamos deslumbrar por sus aspectos superficiales.

Una vez, un hombre decidió celebrar su cincuenta cumpleaños a lo grande. Imprimió las invitaciones en un papel caro y elegante. Mandó pintar y decorar la casa entera. También compró una hermosa lámpara de araña y la colgó en medio de la sala de banquetes. Decoró la casa y sus alrededores. Se compró ropa cara, un anillo de diamantes y una cadena de oro, y contrató a un famoso chef para que cocinara un elaborado banquete.

Por fin llegó el gran día. Cuando se acercaba la hora prevista para la llegada de los invitados, se puso la ropa nueva, el anillo y la cadena y quedó a la espera en el salón de banquetes. El festín estaba preparado y los camareros uniformados en sus puestos; pero no acudió nadie. A medida que pasaba el tiempo, se inquietaba más y más. «¿Dónde está todo el mundo?». Fue entonces cuando se dio cuenta de que las invitaciones seguían sobre la mesa. Con el trajín de la decoración de la casa y los alrededores se había olvidado de enviarlas por correo.

Nos parecemos mucho a ese hombre. Ocupados como estamos con nuestras atareadas vidas, nos olvidamos de perseguir el objetivo más importante de la existencia. Debido a ello no podemos experimentar la paz y la satisfacción verdaderas.

Los que permanecen absortos en los aspectos superficiales de su religión suelen descuidar la esencia de la misma; no experimentan la presencia de Dios en su interior. Un jardinero que corta el césped considera que todo lo que tiene delante es solamente «hierba»; pero un herborista ayurvédico descubre plantas de valor medicinal ocultas entre la hierba. Debemos ser como el herborista y entender y asimilar los verdaderos valores que se hallan en el corazón de nuestra religión, sus principios fundamentales.

Hijos, intentad comprender la esencia interior de vuestra religión y aprended los verdaderos principios que se ocultan tras sus rituales y celebraciones. Solo así podréis experimentar la presencia de Dios en vuestro interior.

Amarse a uno mismo

Hijos, vivimos en una época en la que la gente no solo odia a los demás, sino que también se odia a sí misma. Por eso vemos que han aumentado los suicidios y los hábitos mentalmente destructivos. Todas las religiones, los líderes espirituales y los psiquiatras destacan la importancia de amar no solo a los demás sino también de amarnos a nosotros mismos.

Generalmente, se piensa que «amarse» significa amar nuestro cuerpo físico. Muchos invierten grandes cantidades de tiempo y dinero intentando conservar su belleza física y su salud. Tras despertarse, muchas personas pasan horas delante del espejo. Van a salones de belleza y a gimnasios. Gastan mucho tiempo y dinero en esas cosas. Algunos intentan blanquear su piel oscura o broncear su piel blanca. Otros se tiñen las canas de negro. Los hay que se tiñen el pelo de color rojo, incluso de verde. Aunque es importante cuidar el cuerpo y la salud, muchas de estas atenciones resultan excesivas. ¿Acaso piensa alguien en el precioso tiempo que está malgastando? Por desgracia, nadie parece centrarse en mejorar su corazón y su mente.

En un centro comercial de varias plantas no había suficientes ascensores, por lo que los clientes tenían que esperar un buen rato para poder utilizarlos. Cansados de esperar, algunos clientes empezaron a quejarse y los ánimos se fueron caldeando. El gerente comprendió que si no resolvía el problema con rapidez el negocio podría verse afectado. Intentó pensar en una solución, y finalmente se le ocurrió una idea. Puso varios espejos alrededor de la zona de los ascensores donde la gente tenía que esperar. También ordenó que se instalaran espejos en las paredes de los ascensores. En cuanto lo hizo, las quejas cesaron por completo. Nadie pensaba que estuviera perdiendo el tiempo mientras esperaba porque ahora todos estaban ocupadísimos mirándose en el espejo, peinándose y maquillándose. Incluso dentro de los ascensores seguían haciéndolo.

Igual que nos limpiamos y embellecemos el cuerpo, también tenemos que limpiar la mente. ¿Cómo hacerlo? Eliminando rápidamente cualquier pensamiento o emoción negativa y dañina que penetre en ella. Del mismo modo, debemos entrenar nuestro intelecto para que pueda pensar con discernimiento. Para ello tenemos que obtener conocimiento espiritual acudiendo a satsangs y pasando tiempo con los mahātmā y otras personas de inclinación espiritual. El verdadero significado de «amarnos a nosotros mismos» es dejar que la divinidad que reside en nuestro interior brille y se proyecte hacia afuera.

La vida de familia

No retengas el amor en tu interior

Hijos, muchas mujeres me dicen: «Cuando comparto con mi marido los sentimientos dolorosos de mi corazón, él nunca me consuela. Ni siquiera muestra un poco de amor por mí». Si los maridos se ven confrontados con esta afirmación, responden: «No es cierto. La quiero mucho, pero lo único que hace es quejarse». Así, aunque ambos se amen, ninguno de ellos se beneficia de ese amor. Se convierten en algo parecido a dos personas que viviendo a la orilla de un río se están muriendo de sed.

En realidad, el amor existe en todos nosotros. Pero el amor que no se expresa es como miel encerrada dentro de una roca: no podemos saborear su dulzura.

No mantengas el amor encerrado dentro del corazón. Tenemos que expresar el amor exteriormente por medio de nuestras palabras y nuestras acciones. Debemos amarnos con un corazón abierto. Tenemos que aprender a compartir el amor.

Una vez un monje visitó una cárcel. Allí entabló amistad con los prisioneros. Entre ellos había un joven. El monje le puso la mano en el hombro y le acarició la espalda con amor. Le preguntó:

—Muchacho, ¿cómo acabaste aquí?

Con lágrimas en la cara, el joven dijo:

—Si en mi infancia hubiera tenido a alguien que me pusiera la mano cariñosamente sobre los hombros y me hablara con bondad, nunca habría terminado en esta cárcel.

Es sumamente importante dar amor a los niños y las niñas, en particular durante sus primeros años de vida. A lo largo de la infancia debemos entrenarlos para que reciban y devuelvan amor a los demás.

El amor no debe mantenerse oculto en el corazón; existe para ser compartido mediante nuestras palabras, miradas y acciones. El amor es la única riqueza que hace que una persona sea más feliz cuando la da que cuando la recibe. Es una riqueza que poseemos, pero que no vemos.

Así pues, despertemos el amor que llevamos dentro. Dejemos que se exprese en el mundo en todas nuestras acciones, palabras y gestos. No confinemos al amor dentro de los muros de la religión, la fe o la casta. Dejemos que fluya libremente por todas partes. ¡Que nuestros corazones se abracen mutuamente y despierten y compartan el amor lleno de dicha que hay en nuestro interior! ¡Que el amor fluya y abrace a todos los seres! Entonces nuestras vidas estarán benditas y serán divinas.

La cultura en la educación

Hijos, antiguamente, el conocimiento de los principios espirituales se consideraba el aspecto más importante de la vida en nuestro país. Sin embargo, hoy en día el conocimiento material supera en importancia al espiritual. No tiene sentido intentar retroceder en el tiempo. Tales esfuerzos solo pueden desembocar en un resultado decepcionante. Lo importante ahora es aprender a avanzar sin permitir que se destruya lo que queda de bueno en nuestra cultura.

Hace mucho tiempo se enviaba a los niños a la escuela a la edad de cinco años. Ahora inscribimos a los niños en las guarderías cuando solo tienen dos años y medio. Hasta que cumplen cinco años tenemos que mostrar únicamente amor a los niños. No debemos limitar su libertad de ninguna manera. Deben poder jugar como quieran. Solo tenemos que prestar atención a su seguridad: protegerlos del fuego, o evitar que se caigan en estanques. Solo debemos mostrarles amor, sin importar lo traviesos que se vuelvan. Hasta cuando les llamemos la atención por sus trastadas, tenemos que hacerlo con un inmenso amor. Del mismo modo que vivieron nueve meses protegidos en el interior del vientre materno, durante los primeros cinco años de vida tienen que permanecer protegidos en otro vientre, en un vientre de amor. Pero esa no es la situación actual.

En nombre de la educación ponemos una gran carga sobre nuestros hijos, más de lo que pueden soportar. En una época en la que tendrían que estar jugando con sus amigos, encerramos a nuestros hijos en las aulas como pájaros en sus jaulas. Además, si no consiguen estar en el primer puesto de la clasificación, ya desde el jardín de infancia, los padres se estresan y presionan aún más a sus hijos.

Los niños viven en un mundo de absoluta inocencia. Crecen contándoles cuentos a las flores y a las mariposas. Cuando observamos su mundo, nos invade un sentimiento de asombro. Su naturaleza consiste en ser felices y llevar felicidad a los demás. Pero, en lugar de emparse de la inocencia de sus hijos, los padres los arrastran a su mundo, un mundo de competencia y frustración.

Una vez, dos niños vecinos estaban jugando y uno de ellos se hizo una herida en la mano. Al verlo, su madre increpó a la madre del otro niño. Cuando la discusión se les fue de las manos, los respectivos maridos y los vecinos empezaron a tomar partido. La cosa fue a más. En medio del barullo, alguien fue a buscar a los niños. Cuando los encontró, comprobó que seguían juntos, jugando felizmente, y habían olvidado por completo la pelea.

En nuestra época, los padres no se toman el tiempo necesario para explicarles a sus hijos el objetivo de la vida, ni para inculcarles un estilo de vida que les conduzca a esa meta. Nadie parece tener tiempo para descubrir los intereses innatos de sus hijos y alentar y fomentar sus talentos latentes. La competencia saludable en la escuela puede ayudar a los niños a mejorar en sus estudios y a desarrollar sus capacidades, pero el nivel de competencia que vemos hoy en día solo conduce al estrés. Si no cumplen con sus expectativas en lo referente a los exámenes, se sienten abrumados mentalmente y tendrán que enfrentarse con la desilusión el resto de su vida.

Hijos, tenemos que pensar en la finalidad de la educación. Es cierto que la enseñanza moderna permite obtener un título y conseguir trabajos bien pagados; pero ¿nos dará eso una paz mental duradera? Si no estamos dispuestos a inculcar los valores de nuestra cultura junto con los conocimientos actuales, estaremos creando Rāvaṇas, no Rāmas. La toma de conciencia de los valores culturales es la base de la paz y la felicidad en nuestras vidas. Solo por medio de la espiritualidad podemos descubrir la verdadera cultura y la sabiduría suprema.

Criar a los hijos en el mundo moderno

Hijos, en esta época está aumentando la corrupción política, la decadencia de los valores y el abuso de las mujeres. ¿Cuál es la causa? El mundo en que vivimos se ha convertido en un supermercado; todo está disponible para todos. Por eso, muchas cosas atraen nuestra mente por distintas vías: internet, los teléfonos móviles y un largo etcétera. En estos tiempos modernos, debemos construir una base sólida basada en el dharma y los valores para mantener el equilibrio. Hay que empezar a disciplinar la mente de esta manera desde la misma infancia.

Criar a nuestros hijos no solo significa regañarlos y castigarlos. Debemos dirigir sus mentes hacia la bondad. Tenemos que mostrarles el camino correcto y, cuando hagan algo bueno, tenemos que animarlos a seguir. No debemos sobrecargarlos con los estudios. Necesitan suficiente libertad para poder desarrollar la imaginación y un pensamiento independiente, así como para explorar sus emociones. Junto con eso debemos mostrarles lo que está bien y lo que está mal, lo que es el dharma y lo que es el adharma. Las cosas que no pueden enseñarse con regañinas y consejos se pueden inculcar por medio del estímulo y de un comportamiento inteligente que sirva de ejemplo.

Había un chico que solía desperdiciar mucha comida. Su padre, con mucho amor, intentó hacerle entender que eso estaba mal. Incluso lo regañó severamente; pero nada de eso funcionó. Finalmente decidió mostrarle un vídeo. Al comienzo del vídeo se veía a dos chicas comiendo pollo en un restaurante. Mientras comían bromeaban y se reían. Cuando estuvieron llenas, tiraron a la basura los restos de sus platos a medio acabar. En la siguiente escena del vídeo aparecía un pobre escarbando en la basura. Al ver los dos grandes trozos de pollo que las chicas habían tirado, se alegró mucho y los metió en una bolsa de plástico. De esa manera, fue llenando lentamente la bolsa con los restos de comida que habían tirado algunas de las personas que habían comido en el restaurante. A continuación, la cámara lo siguió hasta su pueblo, donde compartió toda la comida que había recogido con los niños de allí. Las caras de los niños resplandecían de felicidad. Pronto se acabó la comida; sin embargo, los niños todavía tenían hambre, así que empezaron a lamer el interior de las bolsas de plástico. El niño que estaba viendo el vídeo se echó a llorar y dijo:

—Papá, nunca volveré a desperdiciar comida.

Es importante inculcar a nuestras hijas e hijos el valor de la disciplina. Es fácil dibujar sobre el cemento húmedo; pero resulta imposible cuando se seca. La mente de los jóvenes es como el cemento húmedo. Por eso, es necesario que los padres rodeen a sus hijos de amor y cariño. Es necesario que les inculquen valores y una cultura adecuada. Los padres deben ser modelos para sus hijos. Si hacemos eso, nuestros hijos serán conscientes del dharma y cultivarán buenos hábitos de forma natural. Serán capaces de superar cualquier tentación que aparezca en su vida. Serán capaces de sobrevivir. La meta de nuestra vida no debe consistir solo en ganar dinero y disfrutar de comodidades. Tenemos que despertar en los hijos la conciencia de que en la vida hay objetivos más importantes. Si podemos hacerlo, la sociedad se elevará gradualmente y progresaremos en todas las áreas.

Relaciones armoniosas

Hijos, actualmente se pueden ver muchos matrimonios en los que no existe verdadero amor. En esos matrimonios se producen multitud de fricciones y conflictos. Ello sucede debido a una falta básica de entendimiento entre el marido y la esposa. En la mayor parte de los casos, la pareja ni siquiera intenta entenderse. Es esencial poseer una comprensión básica de la naturaleza humana, de la naturaleza del hombre y de la mujer, para que haya una verdadera relación. Un hombre tiene que saber cómo es realmente una mujer y viceversa. Desgraciadamente, hoy en día no se da esta comprensión; el hombre y la mujer viven en mundos aislados sin ninguna relación entre sí. Se convierten en dos islas separadas sin conexión entre ellas. Ni siquiera disponen de un servicio de transbordador que las conecte.

Los hombres son en su mayor parte de naturaleza intelectual, mientras que las mujeres tienden a ser más emocionales. Viven en lugares diferentes situados en líneas paralelas. No se produce ningún encuentro real. ¿Cómo puede existir entonces amor entre ambos? Si uno dice «sí», el otro probablemente dirá «no». Rara vez se oirá la armoniosa combinación de un «sí» con un «sí» o de un «no» con un «no» pronunciados al unísono. Tienen que entender y aceptar sus diferentes naturalezas. Tanto el marido como la mujer deben realizar un esfuerzo consciente por entender los sentimientos del otro y llegar a su corazón, y después intentar resolver sus problemas a partir de esa comprensión. No tienen que tratar de controlarse mutuamente. No deben decirse el uno al otro: «Yo digo "sí" y por tanto tú también tienes que decir "sí"».

Hay que abandonar cualquier actitud de esa clase, ya que solo conduce a la ira, incluso al odio. El amor en una relación así será muy superficial. Si se puede salvar el abismo entre esos dos centros —el intelecto y las emociones— la dulce música del amor brotará de su interior. Este factor unificador es la espiritualidad. Si miráis a nuestros antepasados, veréis que, por lo general, en sus matrimonios había más amor que en los de hoy. Tenían mucho más amor y armonía en su vida porque entendían mejor los principios espirituales y sus implicaciones en la vida diaria.

Hijos, aprended a respetar los sentimientos del otro. Aprended a escuchar los problemas de los demás con amor e interés. Cuando escuches a tu pareja, él o ella tiene que ser capaz de sentir que estás realmente interesado y que te gustaría ayudar sinceramente. Tu pareja tiene que sentir tu atención y preocupación, tu respeto y admiración por ella. Tenemos que aceptar abiertamente al otro sin reserva alguna. Aun así, inevitablemente se producirán conflictos; podrán surgir malentendidos y desacuerdos. Pero después hay que ser capaz de decir: «Lo siento, por favor perdóname. No quería decir eso». O se puede decir: «Te quiero y me preocupas mucho; nunca pienses lo contrario. Lo siento, no debería haber dicho lo que dije. Por culpa de la ira perdí los nervios y la capacidad de discernimiento». Esas palabras tranquilizadoras ayudarán a sanar cualquier sentimiento herido. También contribuirán a establecer un profundo sentimiento de amor entre vosotros, incluso después de una gran pelea.

La confianza es la base de unas relaciones sólidas

Hijos, la base de nuestras relaciones debe ser la confianza mutua. La relación entre un marido y su mujer, entre dos amigos y entre los socios de un negocio solo se sostiene si hay confianza mutua. En realidad, la conciencia de nuestras debilidades es lo que nos hace sospechar y encontrar defectos en los demás. El resultado es que somos incapaces de disfrutar de su amor. Al final, también perdemos la felicidad y la paz mental.

Cuando dos personas empiezan a vivir juntas es normal que surjan conflictos. Lo podemos ver en toda clase de relaciones. Forma parte de la naturaleza humana echar la culpa de todos nuestros problemas a la otra persona. Normalmente nos negamos a asumir ninguna responsabilidad. Esta actitud no es saludable, especialmente para un buscador espiritual. El pensamiento «no soy una persona egoísta, así que no es culpa mía» proviene del ego.

El ego es muy sensible. Lo que más le desagrada es la crítica. Además, cuando el ego se vuelve inmanejable aumenta la carga mental, ya que engendra paranoia y temor. Eso destruye nuestra paz mental y daña nuestra capacidad de pensar racionalmente.

Un niño y una niña estaban jugando. El niño tenía algo de dinero en el bolsillo. La niña tenía unas chocolatinas. El chico le dijo:

—Si me das chocolatinas, te daré dinero.

La chica estuvo de acuerdo. Le dio unas chocolatinas. Al recibirlas, el chico separó las monedas más valiosas y le dio las de menor valor. La chica no se dio cuenta de lo que estaba pasando; se acostó y durmió tranquilamente. El chico seguía pensando:

—Apuesto a que ella tenía unas chocolatinas muy caras y en lugar de dármelas seguramente me ha dado las más baratas. Igual que yo aparté las monedas más valiosas, ella debe de haberse guardado las chocolatinas más caras.

Con todas estas sospechas rondándole la cabeza no pudo dormir.

Algunos hombres le dicen a Amma: «Creo que mi mujer está teniendo una aventura».

Algunas mujeres le dicen a Amma: «He oído a mi marido hablar con alguien por teléfono con una voz muy suave. Por la noche soy incapaz de dormir».

Dos personas se casan anhelando amor, paz y felicidad, pero su naturaleza suspicaz convierte sus vidas en un infierno sin el menor asomo de paz. Mientras el monstruo llamado «sospecha» se extienda por nuestra mente, ninguna clase de consejo o asesoramiento podrá ayudarnos. Muchas familias acababan destruidas por esta causa.

Aunque las personas intercambien palabras hermosas y floridas acerca de su amor mutuo, en algún lugar, allá en el fondo, la mayoría cree que el amor tiene que ver con tomar para sí. En realidad, el amor consiste en dar. Solo dando amor puede uno crecer y ayudar a otros a crecer. Sin esa disposición a dar, el llamado «amor» solo causa sufrimiento, tanto al amante como al amado. No tenemos que pensar: «¿Es un buen amigo?». Más bien debemos pensar: «¿Estoy siendo un buen amigo para los demás?».

En primer lugar, tenemos que estar dispuestos a amar y confiar en nuestro cónyuge. Si estamos dispuestos a ser cariñosos y confiados, el noventa y cinco por ciento de ese cariño y esa confianza volverá a nosotros. La sospecha crea sospecha y la confianza crea confianza. Antes de señalar los defectos de nuestras parejas, tenemos que mirar dentro de nosotros mismos. Si tenemos defectos, debemos corregirlos.

En una relación, muchas veces lo que más ayuda es que las personas hablen abiertamente entre sí en lugar de insistir en las sospechas. No dudes en buscar la ayuda de amigos o incluso de profesionales cuando sea necesario. Ser paciente con el otro, estar cerca y estar ahí para el otro es lo que hace que las relaciones sean fuertes. Por encima de todo, entiende las verdades espirituales y aprende a descubrir la felicidad en tu interior. Si podemos hacer eso, también disfrutaremos de felicidad en las relaciones.

Fiestas y escrituras religiosas

La devoción en el Rāmāyaṇa

Hijos, aunque hayan pasado miles de años, el Rāmāyaṇa sigue ocupando un lugar muy especial en el corazón de la gente. ¿Por qué motivo? Porque en sus páginas se halla la esencia de la devoción. La devoción del Rāmāyaṇa ablanda y purifica el corazón. Aunque la naturaleza esencial de la calabaza amarga es el sabor amargo, si la remojamos un rato en agua azucarada la calabaza se vuelve dulce. Del mismo modo, cuando unimos y entregamos la mente a Dios, todas las impurezas mentales se eliminan y la mente se vuelve pura.

En el Rāmāyaṇa podemos observar diferentes formas y expresiones de la devoción. La devoción de Bhārata era diferente de la de Lakṣhmaṇa. La devoción de Sītā era distinta de la de Śhābari. Un aspecto de la devoción consiste en desear en todo momento la cercanía y la compañía de la persona amada. Podemos ver este aspecto de la devoción en Lakṣhmaṇa. Lakṣhmaṇa estaba siempre dedicado a servir al Rāma. Hasta el día de hoy, se le recuerda como alguien que de forma continuada renunció a la comida y al sueño para servir a su Señor. Pero la devoción de Bhārata no era así. Su devoción estaba llena de calma y gentileza. Viéndose a sí mismo como el servidor de Rāma, gobernó el país en ausencia de este, y esa fue su forma de rendirle culto a Rāma.

Si uno recuerda constantemente a Dios y se entrega por completo a Él, todas sus acciones se convertirán en adoración. Por el contrario, si falta esa actitud de entrega, ni siquiera las pūjās y los hōmas realizados en templos famosos pasarán de ser meros «trabajos» en lugar de ceremonias de adoración.

La intensidad de la devoción aumenta durante la ausencia del ser amado. Eso es lo que presenciamos tanto en el caso de Sītā como en el de las gōpīs de Vṛindāvan. Cuando Rāma estaba cerca de ella, Sītā deseaba poseer el ciervo dorado. Se volvió una esclava de su deseo. Sin embargo, después que Rāvaṇa la capturara, el corazón de Sītā suspiraba constantemente por

Rāma. En medio de ese intenso dolor causado por la desaparición de Rāma, todos los deseos mundanos de Sītā perecieron abrasados. Su corazón volvió a purificarse y fue capaz de fusionarse con Dios.

La devoción de Hanumān se basaba en una combinación de cualidades como el discernimiento, el entusiasmo, la concentración y una fe intensa. Habiendo estado anteriormente al servicio de Sugrīva, tras poner los ojos en Rāma se entregó totalmente a él. Si el vínculo que Hanumān tenía con Sugrīva era de naturaleza mundana, el que mantuvo con Rāma era el vínculo entre el Paramātman y el jīvātmā, el vínculo entre el Alma Suprema y el alma individual. Hanumān también demostró que por medio de la recitación constante del nombre del Señor se puede recordar de forma incesante a Dios.

No hace falta haber nacido en una familia de clase alta o tener muchos conocimientos para obtener devoción. Lo único que hace falta es tener un corazón puro. Eso es lo que presenciamos en Śhābari. Su guru le dijo que un día Rāma la visitaría, y ella le creyó a pies juntillas. Con la esperanza puesta en la próxima llegada de Rāma, limpiaba el āshram a diario y reunía todos los materiales necesarios para adorarle. Preparó un lugar especial para que Rāma se sentara. De esa manera pasaron los días, los meses y los años. La larga espera no fue en vano: un día Rāma vino a su cabaña y recibió su amorosa hospitalidad. La historia de Śhābari prueba que Dios acudirá para residir en el corazón de los que le esperan.

La devoción no debe ser meramente emocional. La devoción basada exclusivamente en la emoción es intensa, pero de carácter temporal. Por tanto, es necesario que la devoción esté basada en el conocimiento. La devoción no debe tener por objeto la satisfacción de nuestros deseos mundanos. Cuando hayan brotado las semillas de la devoción, hay que recogerlas y plantarlas en los campos del conocimiento. Cuando fructifiquen bien, se alcanzará la meta.

Rāma fue capaz de despertar la devoción en hermanos, amigos, súbditos y hasta en los pájaros y otros animales. Donde quiera que haya grandeza, la adoramos sin darnos cuenta. Eso se debe a que la semilla de la devoción está escondida en el corazón de todas nosotras y nosotros. Debemos nutrirla con nuestros pensamientos, palabras y acciones. Tenemos que elevarnos con las alas de la devoción hasta que veamos a Dios llenando el universo entero. El Rāmāyaṇa es un camino que nos lleva a ese estado supremo.

Absorbe la esencia de las fiestas religiosas

Hijos, las fiestas religiosas no son tradiciones que se celebren una vez al año. Tenemos que absorber el mensaje que anida en el corazón de esas fiestas e incorporarlo en nuestra vida. Cultivar la devoción y la conciencia espiritual mientras seguimos avanzando en este mundo material es un principio esencial que está en el origen de casi todas las fiestas. También lo es la necesidad de perdonar y olvidar el mal que nos hayan hecho los demás. Eso contribuye a crear una atmósfera de libertad, amistad y unidad en todas partes y nos permite abrir el corazón y ayudar a los demás. Las diferencias entre superior e inferior, patrón y empleado o amo y sirviente pasan a un segundo plano.

La tradición india siempre ha consistido en vincular las costumbres, el arte y el conocimiento con la adoración a Dios. Del mismo modo que cuando se atrapa a la abeja reina todas las demás abejas la siguen, si buscamos refugio en Dios todo lo que es favorable vendrá a nuestro encuentro. Normalmente nos amparamos en Dios para conseguir ganancias materiales, pero, si somos capaces de vivir viendo a Dios en todo y aceptamos todo como su voluntad, no solo prosperamos materialmente sino también espiritualmente. Obtenemos satisfacción y paz en nuestra vida. Una serie de ceros no vale nada, pero, si escribimos delante el número uno, de repente su valor se vuelve enorme. Del mismo modo, la única verdad que da valor a todo es Dios; ver el mundo como Dios.

Muchas fiestas constituyen una expresión del deseo humano de que el futuro sea mejor que el presente. Actualmente, la humanidad solo busca cambios externos; pero ningún cambio realizado en el mundo exterior puede ser permanente. Además, los cambios exteriores a menudo producen más dolor que felicidad. Por tanto, mientras intentamos modificar la situación exterior tenemos que tratar de transformar también nuestra situación interior. No es tan difícil. En realidad, son nuestras acciones y nuestra actitud las que hacen que este mundo sea hermoso o feo.

Un día, Dios fue a visitar el infierno. Todos los residentes empezaron a quejarse a Dios:

—Dios, eres muy parcial. Hemos tenido que vivir años en este sucio y apestoso infierno. Sin embargo, todo este tiempo los residentes del cielo han estado viviendo en el paraíso. ¿Es eso justo? ¿No deberíamos intercambiar nuestros puestos, al menos durante una temporada?

Dios accedió a su petición. Los habitantes del cielo se fueron a vivir al infierno y los habitantes del infierno al cielo. Así pasaron cinco o seis meses. Un día, Dios hizo otra visita al infierno. Lo que vio era increíble: había árboles y flores por todas partes; las aceras y las calles estaban limpias; la gente cantaba las alabanzas de Dios y bailaba. En todas partes reinaba la alegría.

Después, Dios visitó el cielo. Fue una visión dolorosa. Los campos eran ahora estériles y las plantas se habían marchitado. No había ni una sola flor en ninguna parte. Las calles estaban llenas de basura, charcos de orina y montones de excrementos humanos. La gente empleaba un lenguaje soez y se metía constantemente en peleas. En resumen: el antiguo cielo se había convertido en un infierno. Hijos, así es realmente la vida. Somos nosotros los que creamos el cielo y el infierno.

Debemos aprender a aceptar la alegría y la tristeza con ecuanimidad. Debemos intentar cultivar un cierto grado de desapego. No debemos desmoronarnos ante las dificultades, ni bailar de alegría vanidosamente en tiempos de éxito. Sin una actitud de desapego pronto nos cansamos. Algunas personas se hunden tan profundamente en la depresión que incluso se suicidan. La vida pierde su brillo cuando le damos demasiada importancia al éxito material. Si nos centramos más en el progreso espiritual y en recordar a Dios, los pequeños altibajos de la vida no nos importarán tanto. Además, en nuestro corazón crecerá gradualmente una dicha realmente eterna.

Cuando celebremos una festividad, debemos centrarnos más en asimilar sus principios internos que en el ritual exterior. Debemos absorber e incorporar esos principios a nuestra vida. Que la gracia divina ayude a mis hijos e hijas a lograrlo.

La Navarātri debe enseñarnos humildad

Hijos, la Vijayadaśhamī es un día sagrado en el que guiamos la mano de los integrantes de la generación más joven para que escriban sus primeras letras. La Vijayadaśhamī representa también la perfección y la totalidad de la adoración de Śhakti, la energía divina femenina, que se realiza durante los nueve días de Navarātri. Ese día los niños y las niñas penetran en el mundo del conocimiento escribiendo «hari-śhrī» con las bendiciones de Saraswatī, la diosa del conocimiento. El niño puede recibir el conocimiento porque confía su dedo índice a las manos del guru. El dedo índice, que señala los defectos y los errores de los demás, es un símbolo del ego. Al confiar el dedo índice al guru, el niño le está entregando simbólicamente su ego.

Quien ha obtenido el verdadero conocimiento es humilde por naturaleza. Ve lo bueno en todos. Acepta a todos con respeto y veneración. Solo el ego es creación nuestra; todo lo demás es creación de Dios. Ese ego es lo que debemos entregarle a Dios.

En Vijayadaśhamī, tanto los que tienen estudios como los iletrados inauguran un nuevo comienzo en la adquisición de conocimiento escribiendo hari-śhrī de la misma manera. La sabiduría alcanza la perfección cuando se reconocen los límites del conocimiento que se ha adquirido hasta ahora y se adopta una actitud humilde, admitiendo: «Me queda mucho por conocer y por aprender». Entonces se siente entusiasmo por adquirir ese nuevo conocimiento. La Vijayadaśhamī nos recuerda que en la vida debemos mantener siempre el entusiasmo y una actitud humilde y de entrega.

En Durgāṣhṭamī los libros, los instrumentos musicales y los materiales relacionados con el trabajo se guardan para realizar el culto. Más adelante, en Vijayadaśhamī, se vuelven a recibir. Eso simboliza la ofrenda a Dios de nuestra vida para recibirla de vuelta como una bendición de Dios. La Vijayadaśhamī simboliza un nuevo comienzo en la vida en el que se renueva la resolución de recordar a Dios.

Siempre que salimos victoriosos, decimos: «¡Yo lo hice!». Pero cuando el fracaso nos sale al paso, decimos que Dios nos está castigando. No debe ser así. Hay que cultivar la actitud de que Dios lo está haciendo todo y pensar: «solo soy un instrumento en tus manos». La Navarātri nos recuerda que esa conciencia tiene que despertarse en nuestro interior, que todas las victorias de la vida se deben a las bendiciones y el poder de Dios y que nunca hay que enorgullecerse personalmente de la victoria. El recuerdo de Dios y la entrega a Dios hacen que la vida esté bendita.

La Navarātri nos enseña la importancia de progresar paso a paso hasta alcanzar la liberación final por el camino de la devoción. Nos enseña que ese objetivo es más importante que cualquier logro material. La Madre Divina elimina las impurezas mentales y destruye el ego de los que convierten el conocimiento de Dios en la meta de su vida, y así despierta su conocimiento espiritual interior.

En Navidad regala amor

Hijos, la época de Navidad despierta vibraciones de bondad y compasión y hace nacer grandes esperanzas en el corazón de la gente. La Navidad nos recuerda que nuestro corazón debe estar lleno de amor a Dios y a nuestros semejantes. Nos recuerda que debemos abandonar los sentimientos de egoísmo y odio. Mahātmās como Cristo mostraron esa bondad durante su vida.

La Navidad también es la época más adecuada para restablecer nuestras relaciones con los demás. Por desgracia, las personas suelen albergar sentimientos negativos respecto a sus parientes, amigos y compañeros. La mayor parte de las veces esto se debe a que esas personas no han satisfecho nuestras expectativas. Los sentimientos negativos también pueden aparecer debido a simples malentendidos. De hecho, nuestra comprensión de los demás, sea o no correcta, se basa en nuestra cultura y nuestras experiencias. Un ladrón piensa que todos quieren robarle.

Cuando volvía a casa del trabajo, una mujer vio a su hija de pie con una manzana en cada mano. Con mucho cariño le dijo:

—Querida hija, ¿me puedes dar una manzana?

La niña miró a su madre a la cara y a continuación dio un mordisco a la manzana de la mano derecha. Inmediatamente después procedió a morder la otra manzana. Al ver aquello, el rostro de la madre se nubló. Intentó ocultarlo, pero se sentía muy decepcionada. En ese instante, su hija le ofreció la manzana de la mano derecha diciendo:

—Mamá, toma esta. Es la más dulce.

La madre no fue capaz de reconocer el amor inocente de su hija. Esta historia nos recuerda lo equivocados que podemos estar cuando juzgamos a los demás basándonos en nuestra comprensión limitada.

No debemos sacar nunca conclusiones precipitadas y echarles la culpa o insultar a los demás, por muy experimentados o eruditos que seamos. El corazón debe ser lo suficientemente bondadoso como para escucharlos y entender su versión de la historia. Aunque pensemos que alguien ha cometido el delito más atroz, debemos darle la oportunidad de explicarse, pues cabe la posibilidad de que nuestra comprensión de la situación sea incorrecta.

A todos nos hace muy felices dar y recibir regalos en Navidad. Sin embargo, los mejores regalos no son los que se compran en una tienda, sino los que consisten en abandonar nuestros malos hábitos y tratar a nuestra familia, amigos y compañeros con amor y respeto. Por medio de esos cambios positivos el verdadero espíritu navideño brillará en nuestra vida.

La Śhivarātri es para sumergirnos en Dios

Hijos, las festividades que tienen lugar en los templos, las celebraciones y el culto en grupo desempeñan un papel importante a la hora de hacer que la gente se vuelva hacia Dios. Cuando un grupo de personas rezan y recuerdan a Dios juntos, crean buenas vibraciones en el ambiente. Cuando una persona reza sola, le puede resultar difícil superar las vibraciones negativas del ambiente. Por la adoración en grupo, el propio ambiente se vuelve favorable para concentrarse en Dios. La consecuencia es que la espiritualidad de la gente se fortalece.

El verdadero objetivo de las festividades que tienen lugar en los templos es crear una base sólida para pensar y adorar a Dios más allá de los pocos días que duran las mismas. Una celebración importante es la Śhivarātri. La Śhivarātri nos recuerda la importancia de deshacerse de los pensamientos negativos y sumergirse por completo en pensamientos acerca de Dios. Nos recuerda que debemos esforzarnos por alcanzar la meta más importante del nacimiento humano.

La Śhivarātri es una festividad de renuncia y ascesis. Normalmente se ayuna durante el día y por la noche las personas se abstienen de dormir y cantan bhajans. La mayor parte de la gente no está dispuesta a renunciar a la comida o al sueño; pero la Śhivarātri anima incluso a los laicos a despertar su amor a Dios. Les inspira a privarse de comida y de sueño y a dedicar ese tiempo a meditar y cantar bhajans.

Una vez, una gōpikā fue a casa de Nandagōpā a buscar fuego para encender la lámpara de aceite de la noche. También esperaba ver al bebé Krishna. Al entrar, preparó la mecha de su lámpara y se dispuso a encenderla acercándola a la llama de la lámpara de la casa. En ese momento sus ojos se posaron en el bebé Krishna, que estaba en la cuna. Toda su atención se centró en Krishna, y en ningún momento fue consciente de empezaba a quemarse los dedos.

Después de esperar un rato a que su hija regresara, la madre de la gōpikā fue a casa de Nandagōpā a buscarla. La escena que presenció era increíble. Su hija estaba tan absorta en la visión del bebé Kṛṣṇa que sostenía la mecha encendida con los dedos en lugar de hacerlo con la lámpara. La madre de la gōpikā corrió hacia ella, apartándola del fuego.

—¿Qué estás haciendo, hija mía? —gritó.

Solo entonces la gōpikā recuperó la conciencia del mundo exterior. Al ver a Kṛṣṇa, había olvidado todo lo demás. En ese elevado estado de devoción extática no había sentido ningún dolor. Esta historia nos enseña que, si cultivamos el amor a las metas más elevadas, adquirimos fuerza suficiente para superar todas las debilidades mentales y físicas.

Practicando los rituales de Śhivarātri podemos cultivar el amor a Dios y convertirnos en recipientes perfectos para recibir la gracia y las bendiciones de Śhiva, que es la personificación de la renuncia, la ascesis y el conocimiento.

Adorar a Kṛiṣhṇa es convertirse en Kṛiṣhṇa

Śhrī Kṛiṣhṇa vivió hace unos cinco mil años. El hecho de que la gente aún lo recuerde y lo adore en nuestros días es una prueba de su grandeza. Adorar a Śhrī Kṛiṣhṇa es convertirse en Śhrī Kṛiṣhṇa. Su vida debe convertirse en un modelo para la nuestra. La forma de Śhrī Kṛiṣhṇa es sumamente bella, pero esa belleza no se limita a la forma física: es la belleza eterna del corazón.

El mōkṣha, la liberación del dolor, no es algo que se logre después de la muerte, en el otro mundo. Es algo que hay que entender y experimentar mientras se vive aquí. Śhrī Kṛiṣhṇa enseñó este principio por el ejemplo de su vida. Su historia nos enseña el significado de la vida y cómo hay que vivirla. Era un mahāguru que celebraba hasta los fracasos con entusiasmo. No hagas llorar a los demás; vive de manera que los hagas sonreír: esta fue la lección que Śhrī Kṛiṣhṇa transmitió por medio de su vida.

Él es el cochero que conduce nuestro carruaje hacia la dicha.

Normalmente, la gente disfruta del sufrimiento de los demás. Sin embargo, la dicha interior de Śhrī Kṛishṇa era la risa que se desbordaba hacia al mundo desde la plenitud de su corazón. Por eso, su sonrisa nunca lo abandonó, incluso en la derrota en el campo de batalla. Eso nos recuerda que debemos reírnos de nuestras locuras y defectos.

Śhrī Kṛishṇa es un modelo para todos, con independencia del campo de acción que hayamos elegido. Él vivió con reyes y plebeyos como si fuera uno de ellos. Aunque nació príncipe, cuidaba el ganado, conducía el carro, lavaba los pies de los demás e incluso hacía trabajos serviles como limpiar los platos de hojas de palma después de un festín. Hasta estaba dispuesto a acercarse a las personas injustas como mensajero de la paz.

Fue un revolucionario que alzó la voz en contra de las prácticas inadecuadas. Animó a la gente a que dejaran de ofrecerle oraciones a Indra con el fin de obtener lluvia y les dijo que en su lugar adoraran la colina de Gōvardhan. Les explicó que estas colinas eran las responsables del bloqueo que sufrían las nubes de lluvia. Las primeras clases sobre la conservación del medio ambiente nos las impartió Śhrī Kṛiṣhṇa. Todavía ahora debemos esforzarnos por proteger la naturaleza y ayudar a mantener la armonía en el mundo que nos rodea. Cuando se altera la armonía de la naturaleza, también se produce desarmonía en las relaciones entre los seres humanos.

La mayor parte de las personas se desaniman y se vuelven perezosas si no se les asigna la clase de trabajo que les gusta. Tenemos que ser capaces de realizar toda clase de trabajos con alegría y satisfacción. Todos debemos esforzarnos por emular el entusiasmo y la paciencia demostradas por Śhrī Kṛiṣhṇa. A veces las circunstancias serán favorables y otras veces desfavorables. En todo caso, cumple tus obligaciones con entusiasmo. Puedes comprometerte con toda clase de deberes, pero interiormente permanece como un testigo. Ese es el significado de la sonrisa de Śhrī Kṛiṣhṇa. Ese es el principio que se encuentra en el corazón del mensaje de Kṛiṣhṇa al mundo.

El amor

Sube la escalera del amor hasta la cima

Hijos, lo que más anhela la mayor parte de la gente es el amor. Una persona busca amigos, se casa y lleva una vida de familia, todo ello por amor. Sin embargo, trágicamente, el amor es lo que más falta en el mundo actual. Ello se debe a que todos y todas desean recibir amor, pero nadie quiere darlo. E incluso cuando se da amor, se hace con muchas condiciones y expectativas. Esas relaciones «amorosas» pueden romperse en cualquier momento. El amor puede convertirse en odio y hostilidad. Esa es la naturaleza del mundo. Cuando entendamos esta verdad, no tendremos que afrontar el sufrimiento. La naturaleza del fuego se manifiesta en el calor y la luz. No podemos pensar en el fuego teniendo en cuenta solo uno de estos dos atributos. Del mismo modo, cuando aceptemos que el amor mundano conlleva alguna clase de dolor, seremos capaces de aceptarlo todo con ecuanimidad.

Dentro de todos nosotros habita el amor puro, así como la capacidad de amar a todos sin expectativas. Como el amor es nuestra verdadera naturaleza, nunca se pierde. Una piedra preciosa sumergida en aceite parece haber perdido su brillo; pero ese brillo puede recuperarse: solo hay que limpiarla. Del mismo modo, podemos recuperar la forma más pura de amor eliminando nuestras impurezas mentales.

El amor es una escalera con muchos peldaños. En nuestros días, la mayoría estamos en el peldaño más bajo. No debemos permanecer allí el resto de nuestra vida. En cambio, utilizad cada peldaño como un escalón para alcanzar el siguiente nivel. No debemos detenernos hasta que alcancemos el reino más elevado del amor. Ese amor constituye el objetivo último de la vida.

«Te quiero» es una expresión muy corriente; pero es incorrecta. La verdad es esta: «Yo soy amor. Soy la personificación del amor». Cuando decimos «te quiero» hay un «yo» y un «tú». Existe una separación. El amor permanece atrapado entre el «tú» y el «yo». Allí se asfixia, y acaba desapareciendo.

Intentar amar con la actitud de «yo» y «tú» es como si una pequeña serpiente tratara de tragarse una rana muy grande: ambas sufrirían. Pero cuando el amor se expresa sin expectativas, no hay sufrimiento. Nuestro amor desinteresado ayuda a despertar el amor desinteresado en los demás. Entonces nuestras vidas se llenan de amor y felicidad. Cuando nos demos cuenta de que «yo soy la personificación del amor», nunca podremos tener deseos o expectativas egoístas. Como un río que fluye sin obstáculos, nuestra vida se transformará en una corriente de amor puro que fluirá hacia todos. Entonces el mundo solo recibirá cosas buenas de nosotros. ¡Que todos nos elevemos hasta el reino más alto del amor puro!

El amor hace que nuestra vida sea divina

Hijos, muchos establecen sus relaciones con los demás a partir de las ganancias y las pérdidas que les pueden reportar. Enfrascados en la adquisición de riqueza, a menudo olvidamos la riqueza del amor. El amor es la riqueza que hace que nuestra vida sea divina. El amor es lo mejor de la vida.

En la creación de Dios, hay muchas cosas que han sido bendecidas con la capacidad de atraer y hacer felices a los demás. Por ejemplo, la belleza de las mariposas, la fragancia de las flores y la dulzura de la miel atraen a todos y difunden felicidad. Esa belleza, esa fragancia y esa dulzura provienen del interior, no del exterior. Pero ¿en qué estado se encuentra el ser humano, la creación más cercana a la divinidad? Si desea fragancia en su cuerpo, tiene que perfumarse. Si quiere estar guapo, tiene que ponerse buena ropa y maquillarse. A pesar de todo eso, lo que emana del interior de los seres humanos son impurezas malolientes. Pero, si lo intentamos, podemos difundir felicidad, bienestar y energía saludable entre los demás. La forma de lograrlo es por medio de buenos pensamientos, palabras dichas con amor, una naturaleza sonriente y acciones desinteresadas.

Esta vida puede acabarse en cualquier momento. Ser conscientes de ello nos ayuda a tener una visión correcta, de manera que incluso cuando nos encontremos delante de la muerte la afrontaremos con felicidad.

Los médicos pueden decirles a los pacientes que padecen enfermedades mortales como el cáncer: «Solo vivirá de tres a seis meses». En el momento de hacer frente a la muerte se dan cuenta de que no podrán llevarse consigo ni la fama ni ninguna ganancia material, y que su única salvación reside en Dios. A partir de esa comprensión se produce un gran cambio en su interior: adquieren una mente capaz de amar a todos; quieren perdonar a los que les causaron dolor; buscan el perdón de aquellos a los que han hecho daño.

Algunas de estas personas le han dicho a Amma: «Amma, los pocos días que me quedan de vida quiero pasarlos amando a todos. No he sido capaz de querer verdaderamente ni a mi esposa ni a mis hijos. Ahora deseo darles mucho amor. Quiero amar a los que me odian y a los que yo odiaba. No solo eso: también quiero pedir perdón a toda la gente a la que he hecho daño».

Todos tenemos la capacidad de amar y perdonar a otros de esta manera. No tenemos que esperar a que la muerte llame a nuestra puerta. Si empezamos hoy, seremos capaces de despertar esta actitud.

No es la riqueza o la fama, sino el amor, la compasión y el cuidado de los demás lo que hará que nuestra vida sea divina. En nuestros días, eso es lo que tiene que comprender la raza humana.

La naturaleza del guru

Hace falta un maestro para adentrarse en la ciencia más sutil

Ya se trate de arte, ciencia, historia o de cocinar una buena comida —incluso de atarse un zapato—, no se puede aprender nada sin un maestro. La espiritualidad es una ciencia; la ciencia que trata sobre el sí mismo interior. Como tal, es más sutil que cualquier otra ciencia. Si hace falta un maestro para estudiar las ciencias del mundo físico, que son más toscas, ¿qué decir de la espiritualidad, la ciencia más sutil de todas?

De hecho, realmente uno no elige al guru. La relación se produce espontáneamente, incluso con más espontaneidad que el enamoramiento. Sin embargo, para que haya un maestro tiene que haber antes un discípulo. Cuando el discípulo está preparado, el guru sencillamente aparece.

Un satguru, un verdadero maestro, está completamente desprovisto de ego. Como tal, no puede atribuirse nada a sí mismo. El satguru es la personificación del amor puro, la compasión y el sacrificio. El satguru es más humilde que el más humilde y más sencillo que el más sencillo. De hecho, en una verdadera relación guru-discípulo, es difícil establecer diferencias entre ambos debido a la increíble humildad del guru. El satguru, habiendo trascendido todo sentido de una individualidad separada y todos los gustos y aversiones, no se atribuye nada a sí mismo. Un guru así solo ve la divinidad —el Yo Supremo autoluminoso, la Conciencia Pura— en todo.

Un día la Oscuridad se acercó a Dios y le dijo:

—Nunca he hecho nada para perjudicar al Sol, pero él sigue torturándome. Dondequiera que vaya, enseguida aparece y tengo que huir. No descanso nunca. No quiero quejarme, pero ya es más que suficiente. ¿Cuánto tiempo va a durar esto?

Dios hizo llamar inmediatamente al Sol y le preguntó:

—¿Por qué acosas a la pobre Oscuridad?

El Sol respondió:

—¿De qué me estás hablando? Nunca he conocido a nadie llamado «Oscuridad».

112

Por supuesto, Dios miró a su alrededor y la Oscuridad ya no estaba allí. Había desaparecido. El Sol dijo:

—Cuando consigas traer a la Oscuridad ante mí, estoy dispuesto a disculparme o hacer lo que me digas. Tal vez inconscientemente haya podido hacerle daño; pero al menos déjame ver a esa persona que se queja de mí.

Dicen que el expediente de la causa de la Oscuridad contra el Sol sigue sin resolverse. Hasta la fecha, Dios aún no ha sido capaz de reunir a ambas partes ante él. A veces viene la Oscuridad; a veces aparece el Sol; pero nunca los dos a la vez. Hasta que ambos estén presentes a la par, no se podrá juzgar el caso.

¿Cómo puede la Oscuridad enfrentarse al Sol? La Oscuridad no tiene existencia; solo es ausencia de luz. Así que, donde la luz está presente, su ausencia no puede existir.

A nosotros, que no tenemos un marco de referencia respecto a la espiritualidad, el guru nos proporciona las instrucciones, indicaciones y claridad necesarias para que podamos entender y asimilar los principios espirituales de la forma más sencilla y más pura.

La espiritualidad y el pensamiento espiritual son exactamente lo contrario de la vida mundana y el pensamiento material. Así que, cuando llegamos a la vida espiritual cargados con nuestras viejas formas de pensar, ¿qué sucede? Que fracasamos. Nos lleva un tiempo comprenderlo. Sin embargo, el guru es paciente. Explica y muestra, explica y muestra, explica y muestra, una y otra vez, hasta que acabamos entendiéndolo de una vez para siempre. Si quieres aprender un idioma extranjero, la mejor manera de hacerlo es convivir con un hablante nativo. El guru es el hablante nativo de la espiritualidad, del conocimiento del Yo Supremo.

El guru te lleva del mundo conocido de las diferencias al mundo desconocido de la unidad. Un satguru está instalado en la unidad absoluta con el Yo Supremo. Por lo tanto, ve divinidad en todas partes. Cuando mira al discípulo, ve la belleza divina que yace dormida en su interior. Es muy parecido a cuando un escultor ve la hermosa estatua que permanece atrapada en el interior de una roca. Igual que el escultor cincela los afilados bordes de la roca para liberar la hermosa estatua, el guru trabaja sobre las debilidades y limitaciones del discípulo para ayudarlo a conocer el Yo Supremo.

Cuando se da la verdadera entrega no hay pensamiento, ya que se trasciende la mente. Lo que ahora llamamos «entrega» consiste únicamente en plantearse si nos vamos a entregar o no. En otras palabras: mientras el discípulo se entrena bajo la guía de un satguru todavía hay conflicto mental y lucha interior. Solamente cuando se alcanza el estado final de entrega termina el conflicto y se logra el conocimiento. La entrega no consiste en «hacer»; es algo que «sucede». Es una actitud que configura todos los aspectos de la vida del discípulo.

Generalmente, la palabra «entrega» provoca mucho miedo. Al oírla, pensamos con temor que si nos entregamos lo perderemos todo. En realidad, la verdadera entrega solo nos aporta más claridad, más amor, más compasión, más éxito, más de todo lo que es bueno, bello y sabio. La entrega se asemeja a la semilla que pierde la cáscara para convertirse en un árbol.

La belleza eterna que somos

Los mahātmās descienden para elevarnos

Hijos, la espiritualidad consiste en el auto-conocimiento, en el reconocimiento de la verdadera naturaleza de uno mismo. Si un rey es incapaz de reconocer que es el rey, su realeza es inútil. Si un mendigo no es consciente de que hay un valioso tesoro bajo su choza, seguirá viviendo como un mendigo. La mayor parte de la gente se encuentra en un estado parecido. Por eso, debido a su deseo de riqueza y de placer, se hacen daño unos a otros y a sí mismos. Incluso destruyen la naturaleza. Si queremos elevar a esas personas, tenemos que descender a su nivel.

Una vez llegó a un pueblo un mago vestido de un modo extraño. Los aldeanos empezaron a burlarse de él. Cuando se pasaron de la raya con sus bromas el mago se enfadó. Tomó un poco de ceniza, recitó un mantra sobre ella y la echó en el pozo de la aldea. Su maldición consistió en que cualquiera que bebiera el agua del pozo se volvería loco. Y eso fue exactamente lo que

116

sucedió: pronto todos los habitantes de la aldea se habían vuelto locos.

Sin embargo, el jefe de la aldea tenía su pozo privado. Él estaba bien, pero los aldeanos estaban completamente locos. Decían cualquier tontería que se les ocurría y bailaban y se comportaban como dementes. Poco a poco se dieron cuenta de que su jefe no se comportaba como ellos, lo cual los sorprendía. Llegaron a la conclusión de que él era el que estaba loco e intentaron atarlo. Se produjo un caos total. El jefe consiguió escapar de alguna manera y pensó: «Todos los aldeanos se han vuelto locos. No me dejarán en paz si sigo comportándome de forma diferente a la suya. Si tengo que vivir aquí y ayudarles, solo hay una cosa que puedo hacer: debo comportarme como ellos. Para atrapar a un ladrón, uno puede tener que actuar como él». Fiel a su resolución, el jefe de la aldea empezó a bailar y a actuar tan locamente como los aldeanos, que se sintieron muy felices al ver que su jefe se había curado de su locura.

Poco a poco el jefe de la aldea animó a los aldeanos a excavar otro pozo y a beber agua de él. Finalmente todos recuperaron su estado normal.

Los mahātmās son como ese jefe de aldea. La gente puede burlarse de ellos. Incluso pueden etiquetarlos como «locos». Pero los mahātmās no se preocupan por esas cosas porque para ellos las alabanzas y los insultos son lo mismo. Descienden al nivel de la gente y los elevan con su ejemplo de servicio y amor sin expectativas.

La espiritualidad no consiste en creer ciegamente en Dios, ni en las prácticas o costumbres religiosas. Tiene que ver con la unión de los corazones. Solo cuando nuestra religión se convierta en espiritualidad, la sociedad se asentará sobre la base sólida del dharma, los valores universales y la mentalidad de servicio.

El guru es la Verdad Última encarnada

Hijos, algunos piensan que entregarse a un guru es algo así como convertirse en un esclavo, una forma de esclavitud. En la actualidad, somos como aquel rey que se deprimió porque una noche soñó que era un mendigo. El guru nos despierta del sueño de la ignorancia, que es la causa de todo nuestro dolor.

Aunque hayamos olvidado un poema que aprendimos de jóvenes, nos volverá a la memoria cuando oigamos a alguien recitar los primeros versos. Del mismo modo, nuestro estado actual es de olvido, olvido espiritual, y las enseñanzas del guru tienen el poder de despertarnos.

Dentro de cada semilla hay un árbol. Pero la semilla debe plantarse primero bajo el suelo y después abrirse para que ese árbol emerja. Del mismo modo, aunque somos esa Verdad Infinita, si la cáscara del ego no se abre, nunca experimentaremos esa realidad. El guru es quien alimenta ese proceso.

Para que un retoño crezca y se convierta en un árbol necesita un ambiente propicio. Hay que regarlo y abonarlo en el momento adecuado. Hay que protegerlo de las distintas plagas. El guru hace lo mismo con sus discípulos en el nivel espiritual: los nutre y los protege de los diversos obstáculos y trampas.

Igual que un filtro purifica el agua, el guru purifica la mente del discípulo, eliminando el ego. Actualmente, cada paso que damos nos convierte en esclavos del ego. No usamos nuestro discernimiento y, por ello, somos incapaces de avanzar en la vida.

Una vez un ladrón irrumpió en una casa; las personas que vivían allí se despertaron y salieron huyendo. Los inquilinos de la casa gritaban «¡al ladrón, al ladrón!», y pronto una gran multitud estaba corriendo detrás de él. Al astuto ladrón se le ocurrió una idea. Empezó a gritar también «¡al ladrón, al ladrón!», y después se las arregló para escabullirse entre la multitud y eludir la captura. Lo mismo ocurre con el ego. Es difícil para el discípulo atraparlo y destruirlo por sí mismo. Es imprescindible estudiar bajo la guía de un satguru.

El guru intenta eliminar completamente el ego del discípulo. Obedecer las instrucciones de un guru no es un acto de esclavitud, sino el camino hacia la libertad suprema y la felicidad eterna. El único objetivo del guru es liberar completamente a su discípulo del dolor. Cuando el guru lo amonesta, el discípulo puede sentirse un poco triste, pero el guru reprende con un único objetivo: desarraigar y destruir todas las tendencias negativas del discípulo y despertarlo a su Yo Supremo. Durante ese proceso, el discípulo probablemente experimentará algún dolor emocional. Ese dolor es parecido al que se experimenta cuando un médico aprieta una herida para drenar todo el pus y las bacterias que hay en su interior. Es posible que el doctor tenga que practicar una incisión y abrir la herida para poder sacarlo todo. Puede que el médico le parezca cruel a un espectador que no tenga una preparación adecuada; pero la herida nunca se curará si por «simpatía» hacia el paciente el médico renuncia a realizar ese proceso y solo aplica un remedio externo. Igual que el único objetivo del médico es eliminar las impurezas del cuerpo físico, la única meta del guru es eliminar la negatividad de la mente.

En realidad, el guru no es un simple individuo. Es el parama tattvaṁ, el principio supremo. Es la encarnación de la Verdad, la renuncia, el amor y el dharma. En presencia de un satguru, el discípulo es capaz de absorber todo lo que el guru representa y liberarse. Ahí radica la grandeza de la presencia del guru.

Nuestra cultura

Respetar a nuestros mayores

Hijos, uno de los aspectos más importantes de la cultura india es el respeto y la obediencia a nuestros padres, maestros y ancianos. Solíamos tener por costumbre postrarnos ante nuestros padres, ponernos en pie con respeto cuando entraban en una habitación y dar prioridad a nuestros mayores. Es triste comprobar que no hemos mantenido esas costumbres ni hemos sido capaces de transmitirlas a la siguiente generación.

Algunos preguntan: «¿No es dar prioridad y obedecer a otros un signo de debilidad o de tener una mentalidad de esclavo?».

Hijos, nunca penséis de esa manera; no es así. Son formas prácticas de establecer armonía en nuestras familias y en la sociedad. Tenemos que mantener una máquina correctamente, revisando el aceite, etc. para que funcione de forma fiable. Así, siempre estará lista para ser utilizada. Del mismo modo, debemos mantener buenos hábitos como obedecer a nuestros mayores y concederles la prioridad para evitar las fricciones que se dan entre los individuos y para que la sociedad avance sin obstáculos.

La gente respeta las figuras de autoridad. En realidad, al hacerlo protegemos las leyes del país. Del mismo modo, cuando obedecemos y respetamos a las personas que nos superan en edad y conocimiento, en realidad estamos respetando la riqueza que supone su experiencia. Cuando un estudiante muestra respeto hacia su maestro, está mostrando su deseo de aprender. Esa actitud le ayuda a escuchar las palabras del maestro con concentración y a interiorizar completamente las clases. Además, al ver la humildad y la curiosidad del estudiante, el corazón del profesor se derrite, y por eso intenta de todo corazón transmitirle sus conocimientos. En realidad, el que más gana cuando se comporta con respeto y obediencia es el propio estudiante.

Una vez, una persona estaba buscando por todas partes una piedra esférica lisa para utilizar en la pūjā. Incluso escaló una montaña, pero no pudo encontrar ni una sola piedra con esas características. En su frustración, le dio una patada a una piedra y ésta cayó montaña abajo. Cuando bajó y llegó al pie de la montaña, encontró una piedra esférica muy bonita y suave. En realidad, era la misma piedra que había tirado desde la cima. Se había vuelto lisa al chocar con otras piedras en el camino. Del mismo modo, los bordes afilados de nuestro ego solo desaparecerán cuando abandonemos la actitud de «yo» y «lo mío» y alcancemos un estado de obediencia y simplicidad. Solo entonces nuestra mente estará madura.

La obediencia no supone nunca un obstáculo para la libertad de pensamiento ni para el crecimiento personal. Cuando se produce un nuevo descubrimiento científico, es un resultado del pensamiento libre. Pero lo que sirvió de base para este pensamiento libre fue el trabajo de los científicos que le precedieron. Del mismo modo, solo se producirá un verdadero progreso si cada generación interioriza las contribuciones de la generación anterior con humildad y obediencia.

Restablecer la armonía de la naturaleza

Hijos, en este universo todo tiene un ritmo. El viento, la lluvia, las olas del mar, la respiración, los latidos del corazón... todos ellos tienen su propio ritmo. Es imprescindible que ese ritmo se mantenga tanto para nuestra salud física y mental como para asegurar nuestra longevidad. Nuestros pensamientos y acciones son los que marcan el ritmo y la melodía de la vida. Si el ritmo de nuestros pensamientos se pierde, pronto se refleja en nuestras acciones. Tarde o temprano, eso influye en el ritmo de la naturaleza. La principal causa de los desastres naturales, como los tsunamis, los corrimientos de tierra y los terremotos, es la pérdida de la armonía de la naturaleza.

Una vez, un rey se disfrazó para participar en una expedición de caza. Durante la cacería se separó del resto del grupo y se perdió en el bosque. Cansado y hambriento, acabó llegando a una cabaña que era el hogar de una familia perteneciente a una tribu. No reconocieron al rey. Le trajeron algunas frutas y bayas. Al morder una fruta, el rey exclamó:

—¡Oh, qué amarga está esta fruta!

—Sí, es una auténtica desgracia —afirmaron los miembros de la familia, mostrando su conformidad—. Nuestro rey es enormemente egoísta, autocomplaciente y lujurioso. Como es tan cruel, nos obliga a pagar unos impuestos excesivos. Los que no pueden pagarlos son condenados a muerte. Debido a sus actos contrarios al dharma, hasta las frutas que son dulces por naturaleza se vuelven amargas.

Cuando ya de noche regresó al palacio, el rey no podía olvidar lo ocurrido en el bosque. Pensaba en lo mucho que su pueblo estaba sufriendo por su culpa y sentía remordimientos. Decidió dedicar el resto de su vida a servir sinceramente a su pueblo. Pronto se redujeron los impuestos y se iniciaron muchas obras benéficas y actividades humanitarias.

Unos años más tarde, se disfrazó y visitó la vieja cabaña en el bosque. La familia de la tribu le volvió a traer unas frutas. Esta vez todas las frutas tenían un sabor dulce. Preguntó a la familia por la razón de ese cambio.

—Nuestro gobernante ha cambiado, es otro hombre —respondieron—. Ahora gobierna muy bien el reino. La gente está feliz y satisfecha. Debido a sus buenas acciones, también en la naturaleza se ha producido un gran cambio. Por eso son tan dulces las frutas.

¿Cuál es el mensaje de esta historia? Las acciones del ser humano influyen sobre la naturaleza. Si sus acciones son contrarias al dharma, la naturaleza pierde el equilibrio. Si sus acciones están en consonancia con el dharma, eso también se refleja en la naturaleza: su armonía se restablece.

En la actualidad, muchas personas explotan excesivamente la naturaleza. Por eso, la naturaleza está perdiendo su ritmo. Los desastres naturales son cada vez más frecuentes. Hasta las familias pequeñas prefieren vivir en casas grandes. En una casa, dos personas solo necesitan dos habitaciones. A lo sumo, lo más que pueden usar son dos o tres habitaciones más. Pero muchas personas construyen casas de diez o quince habitaciones. Para ello, nivelan colinas, vuelan montañas y perforan pozos. No se lo piensan dos veces antes de explotar la naturaleza para sus necesidades egoístas.

Con un mínimo de cuidado, podemos detener esta explotación excesiva de nuestros recursos naturales. Millones de personas viajan solas en el coche cuando van al trabajo en nuestro país. Si cinco personas compartieran un coche, en lugar de mil vehículos solo harían falta doscientos para transportarlas. ¡Ved cuánto podemos ganar! El tráfico podría reducirse drásticamente; habría menos accidentes; la contaminación disminuiría; podríamos reducir el consumo de combustible y los gastos derivados de dicho consumo. Además, a menor tráfico, menor tiempo de viaje.

Las acciones insensatas del ser humano actual nos recuerdan al estúpido leñador que intentaba cortar la rama en la que estaba sentado. Es esencial que cambiemos de actitud. Proteger la naturaleza no es un deber del ser humano para con la naturaleza. Por el contrario, es un deber del ser humano para consigo mismo. La supervivencia del ser humano depende de la naturaleza. Cuando el ser humano y la naturaleza fluyen juntos en armonía, la vida se llena de paz. Cuando el ritmo y la armonía van juntos, la música resultante es melodiosa y agradable al oído. Del mismo modo, cuando el ser humano vive en armonía con la naturaleza, su vida se vuelve tan dulce como una bella melodía.

Demos la bienvenida a todos los invitados inesperados

Hijos, nuestra cultura nos enseña a ver a los atithis (huéspedes inesperados) como iguales a Dios. Pero la expresión «huésped inesperado» no solo se refiere a las personas, sino también a todas y cada una de las circunstancias inesperadas. Por lo tanto, debemos estar preparados para ver cualquier circunstancia que nos llegue en la vida como a un venerable huésped y recibirla con alegría.

En una partida de ajedrez, no ganaremos si movemos las piezas siempre hacia adelante. En determinadas circunstancias, puede ser más conveniente hacer que ciertas piezas retrocedan. Del mismo modo, cuando nos enfrentamos a un fracaso tenemos que asimilar las lecciones que nos enseña esa experiencia y después utilizar nuestros nuevos conocimientos para avanzar.

Cuando fracasamos, debemos procurar que ese fracaso se limite a lo exterior. No podemos permitir que nuestra fuerza mental y nuestra confianza en nosotros mismos también fracasen.

En segundo lugar, nunca debemos renunciar a nuestro buen corazón ni a nuestra actitud servicial.

Una vez, se estaban realizando entrevistas universitarias en un instituto de dirección de empresas. Cuando terminaron las entrevistas, los estudiantes volvieron a sus habitaciones. Algunos tuvieron éxito y estaban muy contentos; los demás estaban tristes. Uno de los estudiantes que no había sido seleccionado se quedó sentado en la sala de entrevistas. Soplaba una suave brisa. Se quedó un rato allí sentado, disfrutando de la brisa. Las sillas estaban repartidas desordenadamente por toda la habitación. Se dio cuenta de ello y decidió colocarlas en el orden correcto.

Mientras estaba haciéndolo, notó que alguien lo observaba desde la puerta. Era uno de los entrevistadores. El comportamiento del joven le había llamado la atención. En lugar de estar triste por haber fracasado, el chico había permanecido centrado y conservado su sentido de responsabilidad social. Al ver lo que el muchacho había hecho, el entrevistador sintió respeto por él. Le pidió que se acercara y le ofreció un empleo bien remunerado.

El inquebrantable sentido de responsabilidad social del joven y su presencia de ánimo fueron los que le permitieron conseguir el empleo. No se sentía muy preocupado por no haber superado la prueba. En cambio, pensó en lo que podía hacer en ese momento. Ordenar la sala no era su trabajo; pero no pensó: «ese no es mi trabajo; que lo haga otro». A pesar de que no era su trabajo, lo llevó a cabo maravillosamente. Esa actitud mental elevada lo condujo a la victoria.

No todos los que actúan como ese joven terminan victoriosos. Pero es una ley inquebrantable del universo que quienes realizan buenas acciones con toda seguridad cosecharán sus beneficios, más pronto o más tarde.

Una luz en la oscuridad

Hijos, la situación en la que se encuentra el mundo actual es muy triste. Por un lado, el terrorismo y los ataques terroristas no tienen fin. Por otro, debido al egoísmo y a la codicia de las personas, los desastres naturales se suceden cada vez con mayor frecuencia. Aun así, incluso bajo estas circunstancias, podemos ver atisbos de esperanza aquí y allá. Hay personas que se esfuerzan mucho por ayudar a los que sufren y pasan hambre. Esas personas son modelos para los demás porque su corazón rebosante de compasión despierta la esperanza en un futuro brillante.

Amma recuerda algo que ocurrió hace años en una gira por el extranjero. Durante el darśhan, un niño de trece años me dio un sobrecito. Abrazándolo, Amma preguntó:

—¿Qué hay dentro?

El muchacho respondió:

—Trescientos euros.

—¿Cómo los has conseguido, hijo?

—Participé en un concurso de flauta y gané el primer premio. Este es el dinero del premio.

Amma cuida de muchos huérfanos, y esto les ayudará de alguna manera.

Oyendo sus palabras y viendo su corazón inocente, a Amma se le llenaron los ojos de lágrimas. Amma dijo:

—Hijo, hoy tu bondad ha llenado el corazón de Amma. Las personas como tú son la verdadera riqueza de Amma.

Pero la historia no termina ahí. La hermana menor del chico se puso muy triste. También quería hacer algo por los pobres, como su hermano. Dos semanas más tarde, esos niños vinieron a ver a Amma otra vez. Cuando acudieron a recibir el darshan, la hermana pequeña le dio a Amma un sobre. Amma le preguntó:

—¿Hija, qué hay en este sobre?

Su madre respondió:

—Hace una semana fue su cumpleaños. Cuando su abuelo le dio diez euros, ella sintió un deseo muy fuerte: quería darle el dinero a Amma para que les comprara chocolatinas a los huérfanos.

Cuando oyó aquello, Amma abrazó y besó a esa hermosa niña. Amma le preguntó:

—¿No quiere mi hija comer helado y chocolate?

La chica negó con la cabeza.

—No.

—¿Por qué no? —preguntó Amma.

La niña respondió:

—Yo puedo comer esas cosas siempre que quiero, pero hay muchos niños que no tienen dinero para comprarlas. Amma tiene que quedarse este dinero y comprarles chocolatinas.

Con la acción llena de compasión que había realizado su hermano, se había convertido en un modelo para esa niña. ¡Que estos pequeños corazones llenos de compasión se conviertan en modelos para todos nosotros!

El cambio tiene que empezar en el interior de las personas. A medida que se produzcan cambios en cada individuo, las familias también se transformarán. Entonces la sociedad en su conjunto progresará. Así que primero tenemos que intentar cambiarnos a nosotros mismos. Debemos asegurarnos de convertirnos en modelos para los demás por todas nuestras acciones.

Prácticas espirituales y ciencia védica

El samādhi

Hijos, el método más fácil —y a la vez más científico— para ayudar a nuestra mente a enfocarse en un solo punto es la meditación. Cuando la meditación fluye en una sola dirección tiene lugar lo que se conoce como samādhi.

La mente está formada por una corriente constante de pensamientos. El samādhi es ese estado en el que todos los pensamientos desaparecen, todos los deseos están bajo control y la mente permanece completamente quieta. Durante el samādhi, la mente se fusiona con la Conciencia Pura que constituye su fundamento, con la percepción pura. Esa experiencia es la paz suprema, la dicha suprema.

Una vez Pārvatī Dēvī le dijo a Śhiva:

—Me siento sola mientras tú andas vagando por el mundo pidiendo limosna. Como estás constantemente en estado de samādhi, puedes no sentir tristeza alguna a causa de nuestra separación. Pero yo no soy así; no puedo soportar estar separada de ti. Por eso te ruego que me enseñes lo que es el samādhi. Así no tendré que sufrir por echarte tanto de menos.

Śhiva le pidió a Pārvatī Dēvī que se sentara en la postura del loto, cerrara los ojos y enfocara la mente hacia el interior. Pārvatī Dēvī quedó absorta en meditación. Entonces Śhiva le preguntó:

—¿Qué ves ahora?

Pārvatī Dēvī respondió:

—Veo tu forma reflejada en mi mente.

—Ve más allá de esa forma. ¿Qué ves ahora?

—Una luminosidad divina.

—Ve incluso más allá de eso. ¿Y ahora?

—Ahora solo percibo el sonido.

—Ve más allá de ello. ¿Cuál es tu experiencia ahora?

No hubo respuesta. La individualidad de Pārvatī Dēvī había sido absorbida; había desaparecido. Pārvatī Dēvī se había fusionado completamente con Śhiva. Ya no quedaba ningún individuo que pudiera responder. Pārvatī Dēvī había alcanzado la unión eterna e indivisible con su Señor; estaba en el reino del amor puro, donde la mente, las palabras, las ideas y los pensamientos no pueden entrar.

Hay varias clases de samādhi. Durante la meditación profunda, se puede experimentar la fusión de la mente por un breve período de tiempo. En estas meditaciones se experimenta paz y felicidad. Pero ese estado no es permanente: cuando la meditación termina, los pensamientos vuelven a manifestarse. Por el contrario, un maestro verdaderamente iluminado experimenta un samādhi constante incluso mientras actúa en el mundo. A eso se lo conoce como sahaja samādhi.

En el sahaja samādhi solo se experimenta beatitud. No hay ni tristeza ni felicidad. No existen el «yo» ni el «tú». Eso sucede cuando la mente se encuentra en un eterno estado de autoconocimiento. El sahaja samādhi está más allá del tiempo y del espacio. Sigue manifestándose bajo cualquier circunstancia, independientemente de lo que se esté haciendo. En ese estado ni siquiera se producen cambios durante el sueño. Siempre se existe como conciencia pura. En opinión de los demás, los que están en ese estado siguen perteneciendo a este mundo, viviendo en la dualidad. Sin embargo, en realidad están deleitándose constantemente en su propia conciencia pura, en la percepción pura, el Yo Supremo. Esos individuos son la encarnación misma de la Conciencia Suprema. En su presencia, los demás también experimentan felicidad, alegría y consuelo.

El yoga frente al ejercicio físico

Hijos, el yōga es un camino cuyo objeto es despertar el poder infinito que yace en nuestro interior por medio de la integración adecuada de la mente, el cuerpo y el intelecto. En última instancia, se propone desarrollar por completo nuestra capacidad interior. El yōga también es útil para adquirir más paciencia, salud, felicidad mental y conciencia de los valores. Debido al aumento de las enfermedades causadas por nuestro estilo de vida y a los problemas de salud mental, vemos que la popularidad del yōga se está extendiendo por todo el mundo. Los ciudadanos indios pueden sentirse orgullosos de que el yōga sea una ciencia que nació y se desarrolló en nuestro país.

Muchas personas quieren conocer los beneficios especiales que se derivan de la práctica del yōga en comparación con otras formas de ejercicio. Cualquier clase de ejercicio es útil para restablecer la salud física y mental, pero los beneficios derivados de la práctica del yōga son muy superiores a los que aporta el ejercicio corriente. Los ejercicios más habituales disminuyen los niveles de grasa del cuerpo y mejoran la fuerza muscular por medio de movimientos físicos rápidos; pero el yōga se centra más en dar descanso a todas las partes del cuerpo y canalizar adecuadamente la energía que proviene de nuestra fuerza vital. Eso allana el camino para un correcto funcionamiento de todos los órganos internos y todas las glándulas, así como para la curación de enfermedades. Los nervios se purifican, la fuerza mental aumenta y mejora la concentración. Los músculos se vuelven flexibles y fuertes. El yōga disminuye la depresión y promueve un estado de felicidad mental en mayor medida que otras clases de ejercicios.

También las posturas de yōga se diferencian de otros ejercicios. Se realizan de forma pausada, concentrándose cuidadosamente en la respiración, observando cada movimiento del cuerpo. Por medio de esta práctica la mente se siente en paz y puede aproximarse a una experiencia como la meditación. En consecuencia, el yōga beneficia el cuerpo y la mente por igual.

Una persona que padece una enfermedad crónica necesita una alimentación adecuada y descanso para curarse, además de los medicamentos. Del mismo modo, para que la práctica del yōga sea completa y perfecta debe formar parte de un estilo de vida disciplinado, basado en unos determinados valores. Poco a poco, practicando yōga de forma completamente consciente, es posible llegar a realizar cada acción con plena conciencia. Eso hace que mejoren tanto los pensamientos como las emociones. Poco a poco, meditando cada vez con mayor concentración y realizando otras acciones, seremos capaces de conocer el Yo Supremo.

El yōga propone ver la unidad en la diversidad, así como practicar la no violencia respecto a todos los seres vivos. Por lo tanto, la popularidad del yōga puede contribuir a que el amor y la amistad crezcan en la sociedad, favoreciendo así la paz en el mundo.

La astrología y la fe en Dios

Hijos, debido a la ansiedad y al miedo al futuro, muchas personas se vuelven adictas a la astrología. No falta gente que se angustia y se preocupa por temas como el matrimonio, los negocios, el trabajo, los ascensos, etc. Las situaciones favorables y desfavorables a las que nos enfrentamos en la vida tienen su origen principalmente en acciones realizadas en vidas pasadas. Aunque la astrología pueda darnos pistas sobre nuestro destino y aconsejarnos distintos medios para mitigar nuestras experiencias negativas, no puede evitarlas por completo. Por lo tanto, es importante conseguir que nuestra mente sea capaz de soportar los problemas con ecuanimidad.

Una vez un mahātmā le dio dos imágenes divinas a un rey y le dijo:

—Ten mucho cuidado con estas imágenes. Si se rompen, en tu reino se producirán grandes calamidades. Podrá haber guerras, hambrunas o inundaciones.

El rey confió las imágenes a un sirviente que las guardó con mucho cuidado en un lugar especial.

Un día, una de las imágenes se rompió. El sirviente informó inmediatamente al rey, que se enfureció y lo encarceló.

Al cabo de unos días, un rey vecino atacó el reino con un enorme ejército. El rey le echó la culpa al sirviente y ordenó que lo colgaran. Cuando le preguntaron si tenía un último deseo, el sirviente dijo:

—Antes de morir, deberían permitirme romper la segunda imagen.

Al oír esto, el rey le preguntó:

—¿Por qué dices eso?

El sirviente dijo:

—Vas a hacer que me ejecuten debido a que la primera imagen se rompió. Ningún inocente más debe morir a causa de la otra imagen. El mahātmā que te dio esas imágenes dijo que sucedería alguna desgracia si se rompían. No dijo que esa desgracia sucedería debido a dicha rotura; que la imagen se rompiera solo indicaría el comienzo cercano de una guerra. En cuanto recibiste esa pista, debiste prepararte inmediatamente para enfrentarte al ejército del rey enemigo.

Al oír aquello, el rey se dio cuenta de su error y liberó al sirviente.

La astrología y los presagios solo indican las dificultades o la buena fortuna que pueden tener lugar en nuestra vida. No tiene sentido culpar a los planetas o a Dios de nuestros problemas y dificultades. Debemos permanecer alerta y asegurarnos de que todas nuestras acciones presentes sean buenas. Si lo hacemos, también nuestro futuro estará lleno de bondad.

Hasta los ateos y los escépticos tienen una fe inmensa en los astrólogos y adivinos. Un astrólogo bueno e intuitivo puede ser capaz de contarte tu pasado y hacer predicciones bastante precisas sobre tu futuro. Más que de la erudición, el astrólogo se vale de la capacidad de sintonizar la mente con los reinos superiores. En última instancia, la precisión de sus predicciones depende de la gracia divina con la que se conecta.

Del mismo modo, en último término solo la gracia de Dios puede cambiar una situación o una experiencia si estamos kármicamente destinados a experimentarla. También es importante recordar que no se puede evitar completamente una situación kármica. A pesar de ello, podemos influir sin duda positivamente por medio de nuestras oraciones, la meditación y las prácticas espirituales.

Muchas personas piensan que contratar sacerdotes para que realicen pūjās y hōmas les puede ayudar. Aunque esos rituales sean muy poderosos, es más importante el esfuerzo serio y la dedicación que pongamos en nuestra práctica espiritual y religiosa.

La astrología forma parte de la cultura védica. Es una ciencia, un cálculo matemático puro y sutil basado en la relación existente entre los movimientos del sistema solar, la naturaleza y la mente humana. Como todas las demás escrituras antiguas, el conocimiento astrológico brotó en el corazón de los ṛiṣhi mientras meditaban profundamente, un estado en el que su mente estaba unida con el universo y sus vibraciones eran inmaculadas y no estaban condicionadas. Por tanto, tenemos que comprender que no se trata de tener fe en el astrólogo y sus predicciones, sino en ese poder último que gobierna este universo, en Dios. Las acciones que hemos realizado en el pasado sin inteligencia ni discernimiento deben contrarrestarse con acciones ejecutadas con inteligencia y discernimiento en el presente. Si lo hacemos, el futuro se convertirá en nuestro aliado. En lugar de intentar cambiar las situaciones, resulta mucho más útil cambiar nuestra percepción de las mismas. A menudo las circunstancias adversas y las dificultades son inevitables. Tenemos que hacer todo lo posible para permanecer en el camino correcto, para actuar y pensar según el dharma. Si a pesar de nuestros sinceros esfuerzos por evitar las experiencias negativas estas siguen apareciendo en nuestro camino, debemos adoptar la actitud de aceptarlas como la voluntad de Dios. Solo entonces reinarán la paz y la tranquilidad en nuestra vida.

Valores

Evita las ideas preconcebidas

Hijos, a algunas personas las percibimos como «buenas» y a otras las tachamos de «inútiles». Al cabo de un tiempo cambiamos de opinión: a los que antes teníamos por «buenos» ahora los llamamos «malos», y viceversa. Así que nuestras opiniones y puntos de vista varían constantemente. ¿Por qué? La razón principal es que carecemos de conocimiento adecuado. Tenemos el hábito de juzgarlo todo a partir de ideas preconcebidas.

Si contemplamos algo a través de la lente de nuestras ideas preconcebidas, no somos capaces de entenderlo correctamente. Hay que verlo todo en su justo lugar y aprender a mirar las cosas con una mente abierta. Solo entonces podremos entender la realidad de una situación.

Este mundo y los objetos e individuos que lo componen están en constante cambio. La persona que vimos ayer es diferente de la que vemos hoy. Un sastre siempre toma nuevas medidas, aunque se trate de clientes habituales. Nunca pensará: «A este cliente le tomé las medidas la última vez que estuvo aquí, así que no hay necesidad de volver a hacerlo». Sabe que las dimensiones del cuerpo del cliente, así como sus gustos y aversiones, están sujetos al cambio. Debemos tener una actitud semejante cuando nos relacionamos con los demás. El comportamiento de una persona y su actitud respecto a nosotros puede cambiar en cualquier momento. El enemigo de hoy puede convertirse fácilmente en el amigo de mañana. El amigo de hoy también puede convertirse en el enemigo de mañana. Tenemos que mirar siempre a los demás con una mente abierta, sin ideas preconcebidas.

Algunas personas piensan que si actúan basándose en ideas preconcebidas podrán prevenir dificultades futuras. En realidad, eso no se consigue partiendo de prejuicios, sino prestando atención. Las ideas preconcebidas son negativas; la atención es positiva. Cuando actuamos influidos por ideas preconcebidas, perdemos la ocasión de aprender cosas nuevas. Pero el hecho de trabajar con atención nos permite descubrir un sin fin de ideas y perspectivas novedosas.

Una vez, a un hombre le desapareció una cartera que contenía una gran cantidad de dinero. Hacía poco que la había visto por última vez en su habitación, en el lugar donde la dejaba habitualmente. El hombre, su esposa y sus hijos la buscaron por toda la casa, pero no la encontraron. En un momento dado el hijo de siete años dijo:

—El chico de al lado estuvo aquí hace un rato.

De repente toda la familia empezó a sospechar del hijo del vecino, al que antes siempre habían visto con buenos ojos.

—¿No os habéis dado cuenta de la mirada astuta que tiene? —comentaron entre ellos—. Seguro que fue él.

Empezaron a pensar que el chico miraba, caminaba y actuaba como un ladrón. La confianza y el amor que sentían por él se evaporaron rápidamente. También empezaron a mirar con desprecio a los demás miembros de su familia. Poco a poco fueron perdiendo la paz mental.

Una semana más tarde, la esposa estaba haciendo una limpieza a fondo de la casa cuando descubrió la cartera debajo de un cojín del sofá. Su actitud hacia el hijo del vecino cambió al instante. Una vez más volvía a ser el dulce e inocente chico de siempre. Cuando miramos cualquier cosa en función de ideas preconcebidas, nuestra mente se forma un juicio prematuro. A partir de ese momento todo se ve a la luz de dicho juicio. A menudo nos equivocamos. Por tanto, antes de llegar a una conclusión debemos observar en primer lugar la situación con atención y discernimiento. Ese es el camino correcto.

De hecho, a menudo las ideas preconcebidas se forman cuando proyectamos nuestros gustos y aversiones sobre los demás. Eso no nos ayuda precisamente a ver la verdad, sino que nos ciega. Los prejuicios nos obligan a ver el mundo a través de su lente coloreada. Dependiendo del color del filtro, empezamos a pensar que el mundo es «azul», «negro», «verde», etc. Así es imposible obtener una verdadera comprensión de la naturaleza del mundo. Debemos entender y evaluar el mundo, nuestras circunstancias, nuestras experiencias y a nosotros mismos con atención y madurez, no a partir de ideas preconcebidas. Eso solo se puede lograr por medio de la espiritualidad.

Despierta la conciencia

Hijos, actualmente tenemos conocimiento, pero no conciencia. Disponemos del intelecto, pero sin discernimiento. Nuestros pensamientos, palabras y acciones deben nacer de un conocimiento correcto y de una conciencia clara. De lo contrario no alcanzaremos los objetivos que nos propongamos. Un carro tirado por caballos que troten en direcciones opuestas no llegará a ninguna parte. Sin embargo, si ambos caballos tiran del carro en la misma dirección, este llegará a su destino rápidamente. Del mismo modo, solo progresaremos con rapidez en la vida si nuestros pensamientos, palabras y acciones están coordinados.

Mientras no se despierte nuestra conciencia, no podremos hacer un uso adecuado de las circunstancias que se nos presenten en la vida, aunque estas sean afortunadas. Actuaremos sin pensar y acabaremos provocando un desastre.

Una vez un hombre de negocios compró una fábrica que se encontraba al borde de la quiebra y a punto de cerrar. Para que la fábrica funcionara con éxito, tenía que deshacerse de los trabajadores perezosos y ladrones y sustituirlos por trabajadores que fueran capaces, serios y dignos de confianza. Empezó a observar con gran atención a todos los trabajadores de la fábrica. Durante su primera visita vio a un obrero que estaba apoyado en una pared, durmiendo. A su lado había un grupo de operarios cumpliendo con su trabajo. Decidido a darles a todos una lección, el empresario despertó al durmiente y le preguntó:

—¿Cuánto gana usted al mes?

El hombre abrió los ojos y, con una mirada de sorpresa, respondió:

—Seis mil rupias.

Inmediatamente, el dueño de la fábrica abrió su bolsa, sacó un fajo de billetes y se lo dio al hombre, diciendo:

—Normalmente, cuando se despide a un trabajador se le indemniza con el salario de dos meses; pero yo le voy a dar el sueldo de cuatro meses. Aquí tiene veinticuatro mil rupias. De ahora en adelante no quiero volver a verle por aquí.

Cuando el hombre se hubo marchado, el empresario preguntó a los demás trabajadores:

—¿En qué departamento trabajaba?

Uno de ellos respondió:

—No trabajaba aquí, señor. Le trajo el almuerzo a alguien y estaba esperando a que le devolviera la fiambrera.

En esta historia, aunque el dueño era muy inteligente, actuó sin conocimiento, convirtiéndose en objeto de burla.

Deben concurrir cinco factores para poder realizar cualquier acción con plena conciencia: el primero es el conocimiento del propio trabajo; el segundo, la capacidad de discernir entre el bien y el mal y de anticipar todos los resultados posibles; el tercero, tener una mente tranquila y en paz; el cuarto, actuar con plena concentración; y el quinto, tener el desapego necesario para tomar distancia, dar un paso atrás y vernos a nosotros mismos y nuestras acciones objetivamente. Cuando estos cinco factores se aúnen, seremos capaces de realizar cualquier trabajo de la mejor manera posible. Que nuestros esfuerzos se orienten en esa dirección.

Malos hábitos

Hijos, una de las cosas más peligrosas que nos pueden pasar es caer en las garras de los malos hábitos. Una vez que hayamos caído, será muy difícil liberarnos. Por lo tanto, debemos permanecer siempre vigilantes.

Las acciones y pensamientos negativos se convierten en hábitos cuando les damos cabida repetidamente. Esos hábitos van devorando nuestra vida sin que nos demos cuenta.

Una vez, un hombre fue al oftalmólogo por una irritación en los ojos. Después de examinarlo, el doctor dijo:

—No hay nada de qué preocuparse. Simplemente lávese los ojos con coñac dos veces al día. Dentro de una semana habrá desaparecido el malestar.

A la semana siguiente el paciente volvió a ver al médico. Tras examinarlo, el doctor dijo:

—¡No se aprecia ninguna mejoría! ¿Qué ha pasado? ¿No siguió mis instrucciones?

El paciente dijo:

—Lo intenté, pero me fue imposible conseguir que la mano fuera más allá de la boca.

Cuando los hábitos pasan a formar parte de nuestra naturaleza, nos convertimos en sus esclavos. Así de poderosa es la influencia de la costumbre sobre nosotros.

Actualmente nos encontramos en una especie de estado de sueño. Por eso, no somos conscientes de nuestras palabras y nuestras acciones. No basta con poseer conocimiento; hay que despertar la conciencia. Solo entonces obtendremos todos los beneficios que nos puede proporcionar el conocimiento. Todos los fumadores saben que fumar es perjudicial para la salud, pero siguen fumando. Mientras no se les diagnostique un cáncer no se despertará en ellos la conciencia de lo mala que es esa costumbre. Entonces, aunque sientan deseos de fumar, no volverán a tocar un cigarrillo.

Muchas personas que tienen malos hábitos me dicen:

—Este hábito lo he ido adquiriendo a lo largo de los años. Es muy difícil dejarlo así como así. Por eso voy a procurar dejarlo poco a poco.

Esa actitud se debe a que no comprenden lo peligroso que es ese mal hábito para su salud física y mental. Imaginad que una casa se ha incendiado mientras el dueño está durmiendo. Cuando se despierte y vea que el fuego lo rodea por completo, su único pensamiento será escapar. No tardará en actuar. Del mismo modo, en el momento en que entendamos que los malos hábitos nos perjudican, los dejaremos de inmediato.

Lo primero que hace falta para liberarse de los malos hábitos es determinación. Lo segundo es evitar las situaciones que supongan una tentación. Es importante mantenerse alejado de los amigos que nos lleven por el mal camino. Cuando sea necesario, no dudéis en pedir ayuda a un médico o a alguien que os pueda aconsejar. Si os mantenéis alerta y realizáis un esfuerzo constante, podréis superar cualquier mal hábito.

La devoción es un fin en sí misma

Hijos, la gente suele creer que Dios se encarna en una forma humana para proteger y mantener el *dharma* y aniquilar el *adharma*. Pero, aparte de eso, hay otra razón por la que Dios se encarna: lo hace para despertar el amor a Él en el corazón humano. Por eso muchos sabios dicen que, además de las cuatro metas de la vida humana —rectitud, , seguridad económica, deseo y liberación—, hay una quinta meta: la devoción.

Un verdadero devoto ni siquiera desea la liberación. Solo tiene un objetivo: «Que pueda recordar y servir siempre a Dios». No desea nada más. Para un verdadero devoto, la devoción es un fin en sí misma. Absorto en su búsqueda de la devoción, el individuo se entrega por completo y deja de existir. Aún entonces permanece en el corazón del devoto el deseo de disfrutar de su amor a Dios. Al disfrutar la dicha de la devoción constantemente, el devoto se convierte a su vez en una encarnación de la felicidad.

Una vez, Uddhava le dijo a Kṛṣṇa:

—He oído que, entre todos los devotos, a las que más amas es a las gōpikās. Hay muchos otros devotos que rompen a llorar en cuanto oyen tu nombre y entran en samādhi cuando oyen el sonido de tu divina flauta. Cuando ven la tonalidad azul de tu cuerpo divino, aunque sea de lejos, se sienten superados y se desmayan. Entonces, ¿qué tiene de especial la devoción de las gōpikās?

Al oír esto, Kṛiṣhṇa sonrió y dijo:

—Todos mis devotos me son muy queridos; pero las gōpikā tienen algo único y muy especial. Otros devotos derraman lágrimas cuando oyen mi nombre; pero las gōpikās oyen mi nombre en todos los nombres. Para ellas, todos los sonidos son el sonido de la divina flauta de Kṛiṣhṇa. Cualquier color brilla como el azul divino ante sus ojos. Las gōpikās son capaces de ver la unidad en la diversidad. Por eso se han convertido en los seres más queridos para mí.

Una esposa que quiere a su marido como a su propia vida, piensa en su amado esposo mientras toma el bolígrafo para escribirle. Por el simple hecho de llenar la pluma con tinta y preparar el papel sobre el que va a escribir, su mente se llena del recuerdo de él. Del mismo modo, la mente de un verdadero devoto está concentrada constantemente en Dios mientras se prepara para rendir culto, cuando prepara las vasijas, las varitas de incienso, el alcanfor y las flores. En ese supremo y noble momento de devoción, ve al Creador en toda la creación. Esa es la razón por la cual las gōpikās no podían ver nada como distinto de Kṛishṇa.

Que el recuerdo de Kṛishṇa y las gōpikās bailando felizmente en Vṛindāvan, olvidando en su deleite todo lo demás, llene nuestro corazón de devoción, gozo y dicha.

Pensamiento y acción

Hijos, en este mundo hay dos clases de personas: las que actúan sin pensar y las que piensan pero no actúan. El primer grupo se ve envuelto en numerosos problemas por actuar sin pensar, o al menos por no pensar correctamente. No solo no ayudan a nadie, sino que a menudo dañan a los demás. El segundo grupo piensa con discernimiento y entiende lo que está bien y lo que está mal; sin embargo, no actúa en consecuencia. A lo sumo, pueden aconsejar a los demás. Es como si un enfermo le pidiera a otro que tomara un medicamento en su nombre. Solemos emprender un gran número de acciones virtuosas, pero después nos inventamos otras tantas excusas para cancelar nuestros planes.

Había un antiguo templo al que acudía cada semana un importante grupo de devotos para meditar y rezar. Viéndolos, un mono pensó: «Todos estos devotos reciben la gracia de Dios por medio de prácticas ascéticas y oraciones. ¿Por qué no puedo yo practicar también algo de ayuno y meditación?». El siguiente día de oración el mono se sentó bajo un árbol y se puso a meditar. Inmediatamente pensó: «Nunca antes había hecho un ayuno como este. Puede que esté demasiado cansado hasta para caminar cuando termine el día. ¡Podría morir! Si me siento bajo un frutal, no tendré que ir muy lejos a buscar comida cuando termine».

Pensando así, se levantó y se sentó bajo un frutal. Entonces reanudó la meditación. Al cabo de un rato, empezó a pensar: «Después de ayunar tanto tiempo, ¿qué pasa si no tengo energía para subir al árbol a buscar la fruta?». Así que se subió a una rama en la que había mucha fruta y se sentó allí a meditar. Entonces pensó: «¿Qué pasa si después de ayunar mis brazos están demasiado débiles para arrancar la fruta?». Así que recolectó un montón de fruta, se la puso en el regazo y reanudó la meditación. Un poco más tarde sintió hambre. Pensó: «No he comido frutas tan grandes y sabrosas desde hace mucho. ¡Siempre podré ayunar otro día!». En cuanto este pensamiento entró en su mente, tenía la fruta en la boca.

Muchos somos como este mono. Nuestra mente encuentra constantemente excusas para evitar hacer lo que hay que hacer. Además de conocimiento, hay que tener determinación y concentrarse en la meta. Los que tienen fuerza de voluntad mental y trabajan para cumplir todos sus objetivos alcanzarán sin duda el éxito.

No te vuelvas esclavo de la ira

Hijos, la ira es una debilidad que nos esclaviza. Cuando nos enfadamos, perdemos la capacidad de controlarnos y de juzgar adecuadamente. No somos conscientes de nosotros mismos y no nos damos cuenta de lo que decimos ni de lo que hacemos.

Actualmente, la mente se ha convertido en una marioneta en manos de los demás. Saben exactamente cómo tienen que mover los hilos: si nos alaban, nos sentimos felices; si nos critican, caemos presos de una gran agitación. Por tanto, las palabras de los demás controlan nuestra vida. Además, cuando empezamos a saltar de un lado a otro presos de la ira, nuestro comportamiento se convierte en un infierno para los que están cerca de nosotros y en una verdadera fuente de entretenimiento para quienes nos observan.

Esto me recuerda una historia. Un hombre fue a una peluquería. Poco después de que el peluquero empezara a cortarle el pelo, le dijo a su cliente:

—Ayer me encontré con tu suegra. ¿Sabes lo que dijo? Dijo que tienes escondido un montón de dinero negro.

Al oír aquello, el hombre se encendió de ira.

—¿Eso dijo? ¡Ella no es mejor que una vulgar ladrona! ¿Sabes a cuánta gente ha pedido dinero prestado y luego no les ha devuelto ni un solo euro? ¡Yo soy el que paga todas sus deudas!

El hombre no se detuvo ahí; durante el tiempo que duró el corte de pelo siguió hablando mal de su suegra.

Un mes más tarde, cuando el hombre fue a cortarse el pelo de nuevo, el peluquero lo sentó en la silla, tomó las tijeras e inmediatamente empezó a hablar de la suegra.

—El otro día me encontré con tu suegra—afirmó—. Me dijo que no le das dinero para los gastos de la casa.

El hombre se enfureció. Se puso a gritar:

—¿Quién es ese demonio para decir tal cosa? Soy yo quien carga con todos sus gastos: la ropa, la comida, todo.

Una vez embalado, siguió con la diatriba contra su suegra hasta que terminó de cortarse el pelo. Cuando fue a cortarse el pelo por tercera vez, el peluquero volvió a sacar a relucir a su suegra. Esta vez, el hombre lo detuvo y le dijo:

—Oye, ¿por qué me hablas siempre de mi suegra? No quiero oír una palabra más sobre ella.

El peluquero respondió:

—Bueno, verás, te hablo de ella porque te enfadas tanto que se te ponen los pelos de punta, y así es muy fácil cortarte el pelo.

Cuando nos enfadamos, la ira se convierte en nuestra dueña y nosotros en su esclavo. Pero, con la comprensión y el autocontrol adecuados, podemos cambiar esa dinámica. Cuando entendamos que nuestra ira es una debilidad, podremos empezar a esforzarnos por controlarla.

En realidad, cada persona y cada circunstancia son como un espejo que refleja las debilidades y todo lo negativo que hay en nosotros. Del mismo modo que nos lavamos la cara cuando está sucia mirándonos en el espejo, debemos utilizar todas las circunstancias que nos trae la vida para lavar la suciedad causada por nuestras debilidades y nuestra negatividad.

Si adquirimos comprensión espiritual, nos resultará mucho más fácil controlar los pensamientos y las emociones. Si alguien se enfada con nosotros, debemos recordar que la ira es una minusvalía, una discapacidad mental. Eso nos ayudará a perdonar a esa persona. O podemos razonar así: «¿Qué sentido tiene que yo también me enfade? En cambio, ¿no será más prudente que me esfuerce por superar a mi ego, que es la verdadera fuente de todo el dolor que siento?». Si podemos reflexionar de esa manera, seremos capaces de mantener nuestra ecuanimidad mental y permanecer tranquilos en todo momento.

El entusiasmo es el secreto del éxito

Hijos, con independencia del campo en el que queramos tener éxito, debemos cultivar un entusiasmo inagotable. Debemos perseverar independientemente de los obstáculos que haya que afrontar. Tenemos que seguir intentándolo con un entusiasmo persistente y confianza en nosotros mismos. Quien esté constantemente entusiasmado siempre tendrá éxito.

Un niño pequeño se cae muchas veces, pero siempre se levanta rápidamente e intenta volver a caminar. Por muchas veces que tropiece y se caiga, siempre se levanta. Incluso si se magulla o se lastima, sigue intentándolo. Y, si consigue aprender a caminar, es debido a su infatigable esfuerzo, entusiasmo y paciencia. Al afrontar cualquier obstáculo, debemos persistir como ese niño, sin llegar a sentirnos nunca derrotados.

Una vez, un rebaño de cabras vio que había un gran viñedo en la cima de una montaña. Todos los cabritos fueron presa de una emoción increíble. No podían pensar en otra cosa más que en subir a toda prisa a la montaña y comerse las uvas. Iniciaron la ascensión en cuanto pudieron. Al ver aquello, las cabras adultas les dijeron:

—Escuchad, ¿a dónde vais? Ese viñedo está muy alto. Nunca seréis capaces de subir hasta allí.

Al oír estas palabras, los pequeños empezaron a perder el entusiasmo. Pronto se cansaron y, uno por uno, empezaron a bajar. Al final, solo siguió subiendo un cabritillo. Todas las cabras y cabritos que se habían quedado abajo hicieron lo posible para que el cabritillo solitario regresara, pero ninguno de ellos consiguió que disminuyera su entusiasmo. Finalmente, llegó a la cima de la montaña y comió uvas hasta saciarse. Cuando bajó, todos los amigos le aplaudieron y lo recibieron con grandes muestras de entusiasmo. Viendo aquello, una cabra le preguntó:

—¡Increíble! ¿Cómo has sido capaz de llegar, cuando nadie más pudo hacerlo?

El cabritillo no respondió. Entonces su madre confesó:

—Mi hijo es sordo.

De hecho, la sordera fue una bendición para el cabritillo. Gracias a ella fue capaz de mantener el entusiasmo a pesar de las críticas de sus compañeros.

Todos tenemos en nuestro interior la capacidad de alcanzar nuestras metas. Por desgracia, la mayoría nos hundimos ante la negatividad y no reconocemos la existencia de esa maravillosa fuerza interior. Debemos permanecer alerta y asegurarnos de estar siempre centrados en la meta de nuestra vida. Si somos conscientes de nuestra meta y mantenemos un esfuerzo constante, seremos capaces de lograr hazañas aparentemente imposibles.

Curarse de la culpabilidad por los errores pasados

Hijos, muchas personas van por la vida sintiéndose culpables de todos los errores que han cometido a sabiendas o sin saberlo. Muchos de ellos sucumben a la depresión y a distintos trastornos mentales. Algunos de ellos incluso se suicidan. Muchos visitan los templos y hacen peregrinaciones buscando el perdón de sus malas acciones. Pero muy pocos consiguen liberarse de la culpabilidad que persigue su mente y encontrar la paz.

Dar vueltas sobre el arrepentimiento y la tristeza por los errores cometidos puede compararse con abrazar un cadáver y llorar sobre él. Por mucho que lloremos no volverá a la vida. Del mismo modo, por mucho que lo intentemos nunca podremos volver atrás en el tiempo y deshacer nuestros errores. El tiempo solo se mueve hacia adelante.

Cuando los niños se hacen una heridita, normalmente se rascan sin parar y solo consiguen empeorar la herida, hasta que ya no pueden soportar más el dolor. Algo parecido ocurre cuando uno se repite a sí mismo: «Cometí todos esos errores. Soy un pecador». De ese modo, una pequeña herida se transforma en una enfermedad grave. Eso nunca traerá la paz a la mente.

Debemos pensar de manera práctica en cualquier circunstancia. Si nos caemos, no debemos quedarnos en el suelo llorando. Simplemente levántate y sigue caminando. Da cada paso con cuidado y no pierdas la esperanza.

Un periodista le preguntó a un famoso granjero:

—¿Cuál es el secreto de su éxito?

El granjero respondió:

—El secreto está en tomar las decisiones correctas.

De nuevo le preguntó el periodista:

—¿Cómo ha sido capaz de tomar las decisiones correctas?

—Gracias a la experiencia.

—¿Y cómo adquirió esa experiencia?

—Tomando decisiones equivocadas.

La experiencia práctica que el agricultor adquirió cuando adoptó decisiones equivocadas le ayudó después a tomar las decisiones correctas.

Más adelante, cuando puso en práctica las decisiones adecuadas, tuvo éxito. La historia de este granjero nos enseña que hasta las decisiones equivocadas pueden convertirse en trampolines hacia el éxito.

El momento presente es la única riqueza que poseemos. Solo en el momento presente podemos reparar nuestros errores y seguir el camino de la bondad. Cuando nos lamentamos pensando en el pasado, estamos desperdiciando el inestimable momento presente.

Lo más importante es utilizar bien el presente. Eso es lo que dictará el camino que haya de tomar nuestra vida. Por tanto, hazte el firme juramento de no repetir tus errores. Si es posible, da los pasos necesarios para reparar o enmendar los errores del pasado. Después sigue adelante centrado en la meta. Eso es todo lo que tienes que hacer.

Las prisas acaban con la belleza

Hijos, vivimos en una época en la que no tenemos tiempo para dedicárselo a los demás; ni siquiera disponemos de tiempo para nosotros mismos. La razón es que nuestra mente está constantemente ocupada en cientos de pensamientos acerca de hechos que ocurrieron en el pasado, de cosas que pueden pasar en el futuro o de deberes que tenemos que cumplir. Por eso no somos capaces de entender lo que hay que hacer en el presente; somos incapaces de actuar de manera adecuada para obtener buenos resultados. Por eso no tenemos paz, perdemos el contacto con la belleza de este mundo.

Un abuelo y su nieto salían a menudo a pasear por un jardín de flores cercano. Un día, mientras caminaba, el nieto notó que había algo duro bajo las hojas secas. Se agachó para ver lo que era y encontró una moneda. «Se le debe de haber caído a alguien mientras caminaba por aquí», se dijo, y la recogió alegremente. Desde aquel día, cada vez que salían a caminar el niño buscaba monedas entre las hojas secas. De vez en cuando encontraba una o dos y se las

metía en el bolsillo. No le dijo nada a su abuelo.
Cuando llegaban a casa, ponía las monedas a
buen recaudo en un recipiente. Esta forma de
proceder se convirtió en un hábito. Al cabo de
unos cinco años, el chico le mostró el recipiente
a su abuelo diciendo:

—Abuelo, mira cuántas monedas encontré
durante nuestros paseos. ¡Aquí hay más de cien
rupias!

El abuelo del chico sonrió y dijo:

—Hijo, tienes suerte de haber encontrado
tantas monedas. Pero piensa en todas las cosas
que te perdiste mientras estabas ocupado bus-
cándolas. No pudiste contemplar los hermosos
árboles que se mecían con el viento. Nunca
escuchaste a los pájaros entonar sus melodiosas
canciones. ¡Cuántos amaneceres y atardeceres
habrán pasado sin que te dieras cuenta! ¡Cuántas
flores florecieron, cuántos arcoíris brillaron!
Te perdiste el rumor de los arroyos veloces, la
belleza de los estanques. Hijo, esas cosas no
tienen precio.

¿No es eso lo que sucede con demasiada
frecuencia en nuestra vida? Mucha gente lleva
a la familia a la playa para ver la puesta de sol.

Pero, una vez allí, siguen revisando sus correos electrónicos y mensajes de texto. Están en medio de toda esa belleza, pero no la disfrutan. Pasamos mucho tiempo en Facebook y, sin embargo, no vemos la cara[2]* de las personas que tenemos a nuestro lado.

Hijos, eso no debe ser así. La tecnología es algo bueno; puede acercarnos a los que están lejos, pero no debe alejarnos de los que están cerca. A veces la esposa está claramente muy triste, pero el marido no se da ni cuenta. Aunque trabajen día y noche, los padres deben tomarse el tiempo para escuchar las novedades de la familia. Es triste que, teniendo un hermoso jardín, cada vez que nos sentemos en él nos dediquemos a hablar por teléfono y nunca disfrutemos de su belleza.

La agitación mental puede eclipsar fácilmente la belleza del mundo. Entonces la vida se convierte en una hermosa flor cubierta de barro. Únicamente podremos realizar nuestras tareas en paz y vivir en el presente si los pensamientos nos llegan de la manera correcta en el momento adecuado. Solo entonces podremos disfrutar

---

2 *Face*, en inglés (N. del T.).

de la belleza, que constituye nuestra verdadera naturaleza y la naturaleza del mundo.

Aprende a devolver a la sociedad lo que has recibido de ella

Hijos, hasta hace poco la simplicidad y el sacrificio se consideraban dos de los aspectos más importantes de la vida. Sin embargo, en nuestros días el objetivo principal de la mayor parte de las personas consiste solo en ganar tanto dinero y acumular tantas posesiones materiales como sea posible. Lamentablemente, la gente piensa que el éxito consiste en apropiarse de lo máximo que se pueda y dar lo mínimo.

Cuando recibimos algún beneficio de la naturaleza o de la sociedad, es responsabilidad nuestra devolver algo a cambio. Si nos aseguramos de dar más de lo que tomamos, en la sociedad habrá siempre paz, unidad y prosperidad. Pero actualmente las personas mantienen una relación comercial tanto con la sociedad como con la naturaleza. Incluso tienen una relación comercial con Dios. Se supone que debemos intentar cultivar una actitud de entrega a Dios; en cambio, la gente trata de obtener algún beneficio hasta cuando reza.

Una vez un adinerado hombre de negocios navegaba en un barco. De repente, el barco se encontró en medio de una terrible tormenta. El capitán anunció que las posibilidades de supervivencia eran escasas. Todos se pusieron a rezar. El empresario rezó como sigue:

—Dios, si sobrevivo, venderé mi hotel de cinco estrellas y te daré el setenta por ciento del dinero de la venta. Por favor, protégeme.

Sorprendentemente, en cuanto dijo esto el mar se calmó. Pronto todos los pasajeros, incluyendo el hombre de negocios, se encontraron a salvo en tierra firme. Pero ahora el empresario se sentía angustiado. Se puso a calcular: «Si vendo mi hotel, obtendré al menos diez millones de rupias, y tendré que darle siete millones a Dios. ¡Es horrible!». Empezó a pensar en una salida. Al día siguiente, apareció un anuncio en todos los periódicos. Rezaba así: «Hotel de cinco estrellas en venta por una sola rupia». Cientos de personas acudieron para intentar comprar el hotel. El empresario se puso en pie y dijo:

—Bueno, es cierto que voy a vender el hotel por una rupia; pero hay una condición: la persona que compre el hotel también tiene que comprar mi perrito. Y el precio del cachorro es de diez millones de rupias.

Finalmente apareció un comprador, se cerró la venta y el empresario ofreció setenta céntimos de rupia a Dios.

Esa es la actitud de muchas personas en el mundo moderno. Estamos dispuestos incluso a engañar a Dios para conseguir lo que queremos.

En nuestra época lo miramos todo con los ojos de un hombre de negocios. Nuestra única preocupación son nuestros intereses egoístas, sea cual sea el campo en el que nos movamos. Por eso, muchas personas piensan que están creciendo. Pero dicho crecimiento es como una forma de cáncer; es un crecimiento desequilibrado que acabará llevando a la destrucción tanto del individuo como de la sociedad. El crecimiento individual que no tiene en cuenta el crecimiento de la sociedad no puede llamarse verdadero crecimiento. Nuestro crecimiento no debe impedir que los demás crezcan. Por el contrario, debe ayudar a crecer a los demás.

Hijos, todo lo que le demos al mundo volverá a nosotros. Si sembramos una semilla, la Tierra nos la devolverá multiplicada por cien. Todo lo que ofrezcamos retornará a nosotros como una bendición, tanto en el presente como en el futuro. Nuestra vida se enriquece cuando damos, no cuando tomamos.

Cómo superar la tensión

Hijos, en nuestros días la gente vive en tensión constante. Aunque disfrute de todas las comodidades de la vida, no puede escapar del estrés. La preocupación constante se ha convertido en nuestra naturaleza.

Si tenemos una herida en la mano, el simple hecho de mirarla, preocuparnos y llorar por ella no la va a curar. Tenemos que lavar y limpiar la herida, y después aplicar un remedio; de lo contrario, podría infectarse. Con los problemas ocurre lo mismo. El simple hecho de preocuparse por ellos no va a resolverlos.

En realidad, cuando nos preocupamos por nuestros problemas solo conseguimos magnificarlos. Es como correr una carrera con un peso de cien kilos alrededor del cuello. ¿Cómo vamos a ganar? Llevaremos una vida miserable.

Normalmente, la tensión sanguínea de una persona sana oscila entre un mínimo de ochenta y un máximo de ciento veinte. Cuando una persona con tensión arterial alta se estresa, aumenta a ciento cincuenta o doscientos. Esa persona puede padecer un derrame cerebral y quedarse paralizada de un lado. La tensión nos debilita por dentro y por fuera. Hay un elevado porcentaje de personas que padecen enfermedades del corazón. Muchos llevan marcapasos. Sin embargo, si pudiéramos ponernos el «marcapasos» de la espiritualidad, la mayoría de los marcapasos no serían necesarios.

Una vez, un guru y sus discípulos caminaban bajo el sol. Cuando vieron un árbol, se sentaron bajo su sombra. El guru les pidió a los discípulos que trajeran un poco de agua. Vieron a lo lejos un pequeño estanque; pero, cuando empezaron a recoger agua en una vasija, un granjero metió sus toros en la charca para que se bañaran. El agua se llenó por completo de lodo. Los discípulos, descorazonados, regresaron con el guru y le contaron lo que había pasado. El guru les pidió que se sentaran a su lado y descansaron juntos a la sombra media hora. Transcurrido ese tiempo, el guru les dijo:

—Volved ahora al estanque y comprobad cómo está el agua.

Los discípulos regresaron al estanque y vieron que el agua era cristalina. Llenaron los recipientes y se los llevaron al guru. Este dijo:

—Ese es el estado en que se encuentra la mente humana. Cuando aparecen problemas, se pone turbia y agitada; pero se vuelve a apaciguar si permanece algún tiempo tranquila y en silencio. Entonces recupera todo su talento y sus capacidades.

Vida sencilla y sacrificio

Hijos, la mentalidad y los valores de nuestra sociedad están cambiando de forma radical. Hasta hace dos generaciones, nuestros ideales más elevados eran la vida sencilla y el sacrificio. Sin embargo, actualmente la mayor parte de la gente considera que el lujo es lo más importante. El exceso y el despilfarro se han convertido en parte de nuestro estilo de vida.

Algunas personas gastan miles, decenas de miles de rupias en comodidades y cosas superfluas. A la vez, sus vecinos se mueren de hambre. Mil rupias pueden suponer la diferencia entre que una chica pueda casarse o viva sola el resto de su vida. Algunos gastan cientos de miles de rupias para celebrar la boda de su hija. Otras familias rechazan a su nuera y la envían de vuelta con sus padres porque no aportó una dote suficiente. Se dan muchos casos parecidos.

En nuestros días, los indios tienden a ser muy manirrotos cuando se trata de organizar una boda. En realidad, las bodas se pueden llevar a cabo de forma sencilla, acudiendo a la autoridad competente. Aun haciéndola de esta forma, una boda sigue representando la unidad y la prosperidad. Antiguamente, las celebraciones de las bodas tenían por objeto hacer felices a los vecinos y a los amigos para que prodigaran sus bendiciones sobre los recién casados; así colmaban la vida de la nueva pareja con el néctar de la paz y la felicidad. Todo eso ha cambiado con el paso del tiempo.

No debemos dar tanta importancia al derroche de cara al exterior. Si albergamos un poco de compasión en nuestros corazones, podemos reducir la cantidad de dinero que gastamos en la boda de nuestro hijo y donar lo que hayamos ahorrado para ayudar a las chicas pobres a casarse.

Actualmente, la sociedad india, especialmente la de Kerala, está obsesionada con el oro. Nuestra sociedad nos ha enseñado que la palabra «penn» no solo significa «mujer», sino también «oro». Hoy en día algunas mujeres van por ahí con más oro encima que un elefante adornado con el nēttipaṭṭam (el tocado dorado que se les pone a los elefantes durante las ceremonias de las fiestas). En general, las mujeres se sienten incompletas sin no lucen algo de oro alrededor de las muñecas y del cuello. Esta costumbre se ha convertido en un signo exterior de orgullo.

Amma nunca diría que comprar oro está mal. Cuando el oro se compra reflexivamente, puede convertirse en una buena inversión. Pero estar obsesionado con el oro es peligroso, especialmente cuando los padres piden prestado dinero o venden o empeñan propiedades para cubrir los gastos de la boda. En realidad, las mujeres no tienen la culpa de esa obsesión por el oro; la sociedad es la única responsable.

Debemos mantener el equilibrio y la sencillez en todas nuestras acciones. Todo tiene su lugar. Por otra parte, si se rebasan ciertos límites, cualquier cosa puede convertirse en adharma. Explotar los recursos naturales de la Tierra sin tener en cuenta a los demás es un pecado. Cuando nos bañamos o lavamos los platos, debemos tener cuidado de no usar más agua de la que realmente necesitemos. Cuando salgamos de una habitación debemos apagar las luces y los ventiladores de techo. No hay que desperdiciar comida nunca. Hay que tener cuidado con esas cosas. En todas partes muchas personas se están muriendo de hambre.

La simpatía frente a la compasión

Hijos, a primera vista, la simpatía y la compasión pueden parecen solo ligeramente diferentes. Sin embargo, cuando las examinamos en profundidad comprobamos que son muy diferentes. La simpatía es el sentimiento momentáneo que experimentamos cuando vemos a alguien desesperado. No influye mucho en la persona que sufre. El que ofrece simpatía le presta al que sufre algo de ayuda, quizás le dice algunas palabras de consuelo, lo cual le hace sentirse bien. Por el contrario, la compasión consiste en experimentar el dolor de alguien como si fuera propio. En la unión que se establece por medio de la compasión no hay dualidad. Cuando la mano izquierda se lastima, la mano derecha la consuela porque el dolor es compartido. Eso es lo que ocurre con la compasión.

Una vez, un discípulo le preguntó a su guru:

—¿En qué consiste la verdadera compasión?

El guru lo condujo hasta una calle cercana al āshram. Una vez allí, le pidió al discípulo que observara a un mendigo. Momentos más tarde, una anciana echó una moneda en el cuenco del mendigo. Al cabo de un rato, una persona adinerada le dio un billete de cincuenta rupias. Luego, un muchacho que pasaba por allí sonrió cariñosamente al mendigo. Se le acercó y empezó a hablarle con respeto, como si estuviera conversando con un hermano mayor. El mendigo se puso muy contento. El guru le preguntó al discípulo:

—De estas tres personas, ¿cuál de ellas mostró verdadera compasión?

El discípulo respondió:

—El hombre rico.

El guru sonrió y dijo:

—No, ni tuvo compasión ni sintió simpatía alguna. Su única intención era exhibir su naturaleza filantrópica.

—¿La anciana? —aventuró el discípulo.

—No —dijo el guru—. La anciana sintió compasión, pero no vio al mendigo como a alguien suyo. No quería realmente sacarlo de la pobreza. El único que mostró verdadera compasión fue el niño. Trató al mendigo como si fuera él mismo. Aunque no podía ayudar al mendigo de forma visible, estableció con él una conexión de corazón y se produjo una comprensión mutua. Lo que el niño le mostró al mendigo fue verdadera compasión.

El mundo no precisa nuestra fugaz simpatía; necesita nuestra compasión de corazón. La compasión crece cuando sentimos la felicidad y el dolor de los demás como propios. Entonces surge el amor y la voluntad de servir. La compasión es la única medicina capaz de curar las heridas del mundo.

Una actitud correcta lo es todo

Hijos, muchas personas han perdido la ilusión debido a los problemas que se derivan del trabajo y de la vida en general. Eso se debe principalmente a su actitud mental, a la forma errónea que tienen de ver la vida. Su vida se transformaría notablemente si alguien les mostrara el camino correcto y les animara a seguirlo. Entonces ya no se sentirían agobiados, e incluso con su actitud positiva podrían convertirse en modelos para los demás.

Había una vez un estudiante universitario que deseaba con toda su alma ser médico. Sin embargo, no superó el examen de ingreso a la licenciatura por muy poco y le fue denegada la admisión. Estaba tan desilusionado que no se sentía con ánimos para estudiar otra carrera. Algún tiempo después, cedió a los deseos de sus familiares y solicitó un empleo en un banco. Consiguió el trabajo, pero siguió dándole vueltas a su intento fallido de convertirse en médico. Ello le impedía atender a los clientes del banco con amor; ni siquiera podía sonreírles. Al darse cuenta de su estado mental, un amigo lo llevó a ver a un guru. El hombre le abrió el corazón al guru y le contó sus penas:

—No tengo la mente bajo control. Me enfado por cualquier nimiedad. No trato a los clientes del banco con respeto. No creo que pueda seguir trabajando allí en estas condiciones. ¿Qué debo hacer?

El guru lo consoló y le dijo:

—Hijo, si yo enviara a un amigo muy querido a tu banco, ¿cómo lo tratarías?

—Le ayudaría con mucho gusto en todo lo que hiciera falta.

—En ese caso, de ahora en adelante mira a cada cliente como alguien enviado por Dios especialmente para ti. Entonces serás capaz de relacionarte con todas las personas con amor.

A partir de ese día, la actitud del joven experimentó una gran transformación, que se reflejó en todos sus pensamientos y acciones. A medida que aprendía a ver a cada cliente como a un enviado de Dios, como a la imagen misma de Dios, sus actos se convirtieron en una forma de adoración. Su sufrimiento mental desapareció por completo y su corazón se llenó de satisfacción y contento. Fue capaz de compartir con todos la felicidad que sentía.

La devoción resulta muy útil cuando se trata de cultivar una actitud mental correcta. Una persona que tenga fe pondrá a Dios en el centro de su existencia. Verá a Dios en todo. Entregará todas sus acciones a Dios. Por tanto, si uno puede contemplar sus acciones como si fueran un acto de adoración de Dios, no solo le será de gran ayuda a él, sino también a la sociedad en su conjunto.

El camino hacia la paz

Hijos, cuando Amma contempla el mundo actual, siente una gran tristeza. Por todas partes vemos lágrimas y derramamiento de sangre. La gente no es capaz de mostrar compasión ni siquiera por los niños. Todos los días se sacrifican muchas vidas inocentes en guerras y ataques terroristas. Es cierto que en la antigüedad también se libraban batallas, pero entonces nunca se luchaba contra alguien que estuviera desarmado. Tampoco se permitía pelear después de la puesta de sol. En aquellos tiempos se respetaban esos códigos de conducta. Hoy en día, sin embargo, cualquier método de destrucción se considera aceptable, sin importar su grado de crueldad o si es contrario al dharma. Cuando miramos a nuestro alrededor, vemos un mundo gobernado por gente egoísta y ególatra.

La raíz de toda destrucción es el ego. Las dos clases de ego más destructivas son el ego del poder y la riqueza y el ego que piensa: «solo mi punto de vista es correcto; no toleraré otro distinto». Este egocentrismo impide la paz y produce insatisfacción, tanto en nuestra vida personal como en la sociedad en su conjunto.

Todos los puntos de vista son valiosos. Debemos esforzarnos por reconocerlos y aceptarlos. Debemos realizar un esfuerzo consciente por entender las ideas de los demás. Si lo logramos, podremos poner fin a tanta guerra inútil y a todo el derramamiento de sangre que presenciamos a nuestro alrededor.

Debemos cultivar el amor en nuestro interior primero para poder entender y respetar verdaderamente los puntos de vista de los demás. Mucha gente hace un gran esfuerzo por aprender otro idioma. Ponen en ello grandes dosis de interés y entusiasmo. Sin embargo, no es suficiente aprender el idioma de otras personas para llegar a entenderlas. Necesitamos el idioma del amor, un idioma que hemos olvidado por completo, para que eso sea posible.

Una vez, un grupo de voluntarios fue a hablar con el dueño de un gran negocio con el fin de recaudar dinero para una organización humanitaria. Describieron con detalle las patéticas condiciones de vida de las personas a las que intentaban ayudar. Sus historias de dolor y tristeza hubieran bastado para derretir el corazón de cualquiera, pero a aquel empresario no le interesaron en lo más mínimo ni se vio afectado en absoluto. Completamente desilusionados, los voluntarios se dispusieron a marcharse. En ese momento, el empresario dijo:

—Un momento. Voy a hacerles una pregunta y si responden correctamente les ayudaré. Tengo un ojo artificial; ¿podrían decirme cuál es?

Los voluntarios le miraron los ojos con sumo cuidado. A continuación, uno de ellos respondió:

—Es el ojo izquierdo.

El empresario dijo:

—¡Increíble! Hasta hoy nadie había sido capaz de notar la diferencia. Es un ojo muy caro. ¿Cómo ha conseguido adivinarlo?

El voluntario respondió:

—Le miré atentamente a los ojos y me di cuenta de que el derecho reflejaba un poco de compasión, mientras que el izquierdo era como una piedra. Así que inmediatamente supe que su ojo derecho era el verdadero.

Ese hombre de negocios es el símbolo perfecto de la época actual. Actualmente, nuestra cabeza está en ebullición y nuestro corazón, congelado. Lo que hace falta es justo lo contrario: la cabeza debe permanecer fría y el corazón caliente. El gélido egoísmo de nuestro corazón debe transformarse en el calor del amor y la compasión, y la cabeza en la que hierve el ego debe transformarse para adquirir la frescura del conocimiento de uno mismo.

El amor y la compasión constituyen nuestra mayor riqueza. Actualmente los hemos extraviado. Sin amor y sin compasión no hay esperanza ni para nosotros ni para el mundo. ¡Que despertemos en nuestro corazón la suavidad y la ternura de estas cualidades divinas!

Mantened la actitud de un principiante

Hijos, debemos mantener siempre la actitud de un principiante. Tener esa actitud implica humildad, entusiasmo y una fe llena de optimismo. Tenemos que abrir el corazón y aceptar todas las cosas buenas que nos lleguen, vengan de donde vengan, para que ello sea posible. Si podemos hacerlo, la humildad, la fe optimista y el entusiasmo se despertarán automáticamente en nuestro interior. Entonces seremos capaces de aprender de todas nuestras experiencias. También reaccionaremos correctamente en todas las circunstancias. Por el contrario, si nuestro corazón no está abierto, no solo nos volveremos esclavos de nuestro ego y de nuestra obstinación, sino que además cometeremos muchos errores y perderemos la capacidad de asimilar lo que es beneficioso para nosotros. Esa actitud nos conduce a la autodestrucción.

Un día, durante la guerra del Mahābhārata, Arjuna y Karṇa se enfrentaron en una batalla. Kṛiṣhṇa conducía el carro de Arjuna. Śhalya era el cochero de Karṇa. Arjuna y Karṇa se lanzaron mutuamente una lluvia de flechas. Finalmente, con la intención de derribar a Árjuna, Karṇa se dispuso a dispararle una flecha a la cabeza. Al verlo, Śhalya le dijo:

—Karṇa, si quieres matar a Arjuna no le apuntes a la cabeza: apúntale al cuello.

Karṇa respondió con soberbia:

—Una vez que he apuntado, nunca cambio de opinión. ¡Dispararé esta flecha directamente a la cabeza de Arjuna!

Karṇa procedió a disparar la flecha.

Kṛishṇa vio la flecha que venía directa a la cabeza de Arjuna y rápidamente empujó el carro hacia abajo con sus pies sagrados. Las ruedas del carro se hundieron en la tierra y la flecha solo le golpeó la corona, en lugar de clavársele en la cabeza. La flecha chocó contra la corona, pero Arjuna se salvó. Poco después, Arjuna mató a Karṇa.

Si Karṇa hubiera hecho caso a Śhalya, habría alcanzado a Arjuna y lo habría matado. Pero el ego de Karṇa no le permitió aceptar el consejo de Śhalya. Esa fue la causa de su destrucción.

La actitud que afirma «yo ya lo sé todo» nos impide aprender. Cuando una taza está llena hasta el borde, ¿qué más se le puede añadir? Un cubo que se hunde en el agua solo puede llenarse cuando está vacío. Hasta un Premio Nobel que quisiera aprender a tocar la flauta debería adoptar la actitud de un principiante y ponerse a estudiar bajo la guía de un profesor.

Adoptar la actitud de un principiante nos abrirá las puertas de un mundo de crecimiento y sabiduría. Esa actitud consiste en pensar: «no sé nada; por favor, enséñame». A partir de ese momento, la gracia nos llegará de todas partes, obtendremos conocimiento con facilidad y experimentaremos el triunfo en nuestra vida.